私流 幸せな営業

自由な
働き方を叶える
小さな会社の
営業バイブル

愛川静香 著

セルバ出版

はじめに

主婦になりたての頃、「ある主婦が発明品で年商1，０００万円！」なんていうテレビを見て、とてつもなく憧れたのを鮮明に覚えています（笑）。

そんなことできる主婦もいるんだ！　羨ましい！

そんな風に自分とは違う世界の人くらいに思っていました。

昨今の情報社会で成功している女性を沢山目にし、自分と比べて焦った主婦時代。

やりたいことが見つかり、起業したものの、あのテレビの主婦に手が届かない苦しい現実。そこから全国行脚し、商品を紹介しに回った30代。

現在、私は、カラーアナリストをメインとし、従業員教育トレーナー、色のプロを育てるBloomColorSchool 校長、営業塾 Rêve（レーブ）主宰として、株式会社 BloomColorStudio を経営しています。

２００７年、個人事業主として領収書の書き方もわからないままにスタートし、２００９年に法人化。現在は、全国の顧問先に恵まれ、日本中をお仕事の場とさせていただいています。

「無理ってないんだ」—今、かつてのテレビの中の女性を超えて思うのです。

手が届かないと思っていた世界にいることができるようになったのは、全国行脚での自身の営業が実ったお陰であり、病を患いすべてを手放した後、再びその世界に戻れたのも、法人営業のお陰でした。

そして今、多くの女性から、「どうしてそんな会社さんとお仕事できているのですか?」、「どうすれば営業ができるのですか?」という相談を多くいただけるようになりました。答えは、「自分がよいと思う物だけを商品にしているから」です。

加えて、営業の本来の楽しさを、私自身も、クライアントの方も両者で味わえているからこそだと思っています。

本書を書きたいと思ったのは、そんな相談をしてくれる方のほか、「学んだけれど仕事にならない」、「好きなことを仕事に」と言うフレーズに挫折感を味わっている世界中の方々に、1つずつ自分の中の「無理」をなくして貰いたい、好きなことで自信をつけ人生を豊かに過ごして貰いたい、自由に働ける手段を持つお手伝いがしたいという想いからです。

本書では、「そんなの仕事にならんやろ? 主婦のお遊び」と言われた私が、試行錯誤して営業を続けた道中での方法、考え方、全国から発注をいただけるように結果を出した行動をお話していきたいと思います。

本書を読み進めながら、社会に求められる商品が完成し、「営業が苦手」な方が幸せな営業を味わえるお手伝いができれば幸いです。

2021年4月

愛川　静香

私流　幸せな営業―自由な働き方を叶える小さな会社の営業バイブル　目次

第2章　営業珍道中

第3章　私の BtoC ＋ BtoB ＝ 100 戦略！

第4章　小さな会社の商品は〝4方よし〟以上が鉄則！

第5章　感謝されてアポが取れる11の大事なこと

第6章　「来てくれてありがとう」と言われる営業心得

第7章　メリットしかない営業活動

第8章　〝苦手！〟が〝ワクワク！〟に変わる営業ステップ1、2、3！

第9章　営業で断られたら行うこと

第10章　営業で結果が出せる9つの力

第11章　柱を増やしていこう

プロローグ　なぜ営業が必要なのか

やっぱり営業に行かなきゃ……。そんな思いで、本書を手に取ってくださったのでしょうか。これほどSNSや発信ツールが多い時代に、そもそもなぜ営業という職種があって、なぜ営業に行かなきゃと思うのでしょうか。

結論は、商品を知ってもらう必要性を感じているから

私の営業に興味を持って来てくださる方は、起業したばかりで今から営業に行こうと思ってらっしゃる方、今の自分の働き方に限界を感じている方。SNS発信を毎日頑張っていても異業種交流会に行っても企業さんとのお仕事になかなか繋がらないとしんどさを味わっている方など、様々です。どんな方にとっても必要だと思うのが、今のお客様の柱の他に、企業さんとお仕事をする柱を持つことだと思うのです。そのためには、営業が避けては通れない。それが営業が必要だと思う理由ではないでしょうか。

私は、長男が2歳、長女が0歳の２００７年に、似合う色を診断するという仕事であるカラーアリストという仕事に出会い、すぐに起業しました。この仕事は、サロンでのマンツーマンコンサルティングを行う形が一般的ですが、やってみると、子供がいて、サロンワークで自分の思う理想の働き方をすることに難しさを感じていました。そこから、企業さんとお仕事をする柱を持つことで、理想の働き方を手に入れたいと思うようになって行くのです。

２００７年に私が営業にお邪魔して、商品を見ていただいたときには、ほとんど私の商品をご存じの方はいませんでした。と言うことは、本当に営業に出向かないと向こうからお仕事が来るはずがないと思った時代でした。

それから14年経ち、私も一連のSNSは行っていますが、結局、営業に変わらず出向いています。そして今でも、聞いたことはあるけれど…と言う場面が多く、やはり直接出向き、視覚と体感で感じてもらう大切さを変わらず感じているのです。

それは、小さな会社だけではなく、世の中の大企業も同じです。「知って貰う」ために「広告を出す」「営業職の役割をつくる」─この方法で世の中の方に自社商品を知って貰う努力をしていますよね。今、SNSの発達で広告を出すということがどんな規模の会社でもしやすくなりました。知って貰うため。

もちろん、SNSでの発信を頑張り、多くの方の目に触れるようになることができれば、最高です。しかし、沢山の情報の中から、本物を見分ける難しさ、その商品が自社にどう役立つのかを見出す難しさで、一緒にお仕事したい企業さんの目に留まるのは時間のかかることかもしれません。

SNS発信やメディア発信で待ちの戦略もつくりながら、自ら仕掛け、実際に見てもらう機会を創ってもらう攻めの戦略も同時にしていくことが、起業家にとって何より近道になると思うのです。

これが知ってもらうために営業が必要な理由です。皆様が夢を叶えたい、もっと活躍したいと願っている技術や商品は、どのくらいの方に知っていただいていますか、どのくらいの方に内容や効果を実感して貰っていますか。私の経験から、待っている時間はもったいない。知ってもらった数に比例して夢は叶う、行動をしなければ何も産まれないと常に生徒さんには伝えます。

そしてもう1つ、営業が必要な理由は、人は商品だけを買っているわけではなく、商品＋信頼を購入しているからです。販売している会社が信頼に値する会社なのか、そこも含めて購入してくれるのです。

営業に伺うのは、私たちの人間を見てもらえ、信頼を感じていただけるという大きなメリットがあります。SNS広告を見るだけでは、商品に惹かれたとしても、企業からオファーには端的に繋がらないのです。また、お仕事をいただけるようになってからも、営業を続ける理由があります。継続して知り続けていただくことで、求められるタイミングにお役立ちが可能になるからです。

私自身が、時代の移り変わりのある中でも、営業にお邪魔することを今でも選択するのは、その行動を知ってもらうには一番効率的で、一番実りがあることを体験しているからです。

好きなことが仕事になる方法はいくつかありますが、私に向いていた方法が企業さんとお仕事をするという柱を持つことでした。その中で仕事に豊かさを増してくれる「幸せな営業」も味わえるようになって来ました。

私が辿ってきた、好きなことで仕事ができるために柱を増やすという考え方、商品のつくり方、それをご紹介に行く営業の方法を、本書ではまとめています。

そして、その営業は、ただの営業ではなく、皆様にとっても、訪問先の方にとっても「幸せな営業」になることを意図しています。

第1章　営業に行けない！　皆様へ

ビジネスも生き方も自由で行こう

■自分で創っているハードルは虚構かも

本書を書くことになったきっかけを少しお話させてください。営業の楽しさや、考え方をもっと沢山の方に知ってもらうにはどうしようかと頭を巡らしていたとき、本でも出して見ようかなと思い立ち、前書きを書いてみました。普通は企画書を書くらしいのですが、ちょっと面倒だったので(笑)、何となく思うことを前書き風に綴ってみました。

出版社をホームページでいろいろ見て、ビジネス書に実績があり、お問合せのページがあった出版社に、その前書きを送ってみました。

私は、「本書を必要としていただける方が世の中にいらっしゃると思うのですが、御社はどう思われますか」と聞いてみたのです。そもそも、私が必要だと思っていても、世の中に必要ないですよと言われたら、それは独りよがりですから。

そうしたら、企画が通り、もっと詳しい企画書を送ってほしいと言っていただき、やっぱり企画書は必要なんだと少し面倒だったのはここだけの話です(笑)。

ただ、本でも書いてみようかなと思い立ったけれど、私の文章能力は褒められるものではなく、企画は通ったものの、さてどうしようかと困り始めるというところも、私らしくて笑ってしまいます。ここまでで思い立ってから1週間の出来事でした。

そして、未だ半信半疑だった私は、プロローグ辺りをノリノリで一番キテレツな書き方で書いてみたものを担当の方に見ていただき、「私このくらいしか文章能力がないのですが、本当によいのですか」と確認をしてみたら、2行くらい読んで、「これは駄目です」と言われる始末！　きっと担当の方も、しまった、この人ちょっと難しい人だったかも…と後悔したと思われます。婚約してみたら、「私、30歳と言っていましたが、本当は50歳なんです」と言われたくらいの引き具合？ここは確かめていませんが、そんなやり取りを最初の面接で繰り広げたのです。

そのやり取りをした後に、「という私なのですが、それでもよいのですね」と再度確認を取り付け、現在に至るのです。「50歳でもいいよ」と言う認可をいただけたということです！　本書の出版は、このような経緯で決まりました。

もちろん、本を書くに至るまでの裏づけは自分としては持っていますが、私は、こんな風に「こんなのがよい。ここがよい。これがよい。こんな感じがよい」とずっと生きて来ています。そこにハードルがあまりないと言われますし、心が防音ガラスくらい厚いとも言われますが（そんな厚くはない！）、そのような有難い形容詞をいただき、改めて思うのは、私に関わってくれている皆様には、大丈夫、難しいことはない、思うように自由にできる！　軽やかにやっちゃお！　と思ってもらえると嬉しいなと。自分で創っているハードルが大したことではないんだと笑い飛ばし、思うままに生きて欲しいと思うのです。

こんなの（＝全国で仕事をする）がよい！　と、ただそのイメージを叶えるために、誰も個人事業主の私のことなど知らない状態で、伝手もない状態で、全国展開の紳士服大手、全国展開のショッピングモール、全国展開の眼鏡店大手、百貨店、ファッションビル、駅ビルなどに初めましてとニコニコ訪問し、お仕事をいただけ、現在、全国でお仕事をさせていただいているのです。

もし、そんな大手、私みたいな会社じゃ無理だろうなと自分で壁を築いてしまっていたら、今の私はないということになります。本でも書いてみようかなとダメもとで送らなければ、本書で皆様とお会いすることはなかったでしょう。

自分が描いたイメージに軽やかに動くことができると、月並みな言葉ですが、嬉しいことが沢山やってくる！　と思っています。

今読んでくださっている皆様は、営業に対してのハードルが今はあり、ご自分のプレパラートのような心ではとても難しいと思ってらいっしゃるかと思います。それらビジネスに関わるハードルも、人生も、「こんな感じがよい！」に従って、自由にやっちゃいましょう！　大丈夫です！

あなただからできる！

■「これを皆に知ってほしい！」と思うあなたが営業に向いている

営業に行くことに対して、断られると辛い。勇気が必要、そんなイメージがありますか？

営業の話をすると、よく生徒さんから「先生は強いからできるんですよね」と言われますが、強くなれる理由があることをお話することから営業塾は始まります。そして、「皆強くなれるから安心してね」とお伝えするのです。

皆様が今のお仕事をするきっかけになったのは、どんなことでしょうか。とても感動したから、人の役に立ちたかったから、美容が好きだったから、様々な理由があると思います。万が一、両親の仕事を継いだのなら、好きではないけれど、自分が決めたということは間違いないですよね。そして今この瞬間も、スキルを磨いたり、商品を研磨していると思います。

私自身も、たった1人で、何もわからないまま起業し、世の中の動きが手の届かないところで繰り広げられていて、自分がそこに入っていけるのかととても不安でした。それでも、自分の技術をとにかく日本一にすることだけ考えていた起業当時でした。

よほどの人脈と企業からの独立でルートを持っている方は別として、ほとんどの起業初期の方は私と同様ゼロからのスタートだと思います。そう。条件は同じ！

私がこれまで多くの起業家を見てきて、そこから加速してお仕事になっている方は、個人の方とのお仕事に加え、企業とお仕事をできている方です。もしくは、個人でも高単価な商品を主力にしている方です。

どちらも、商品をどこに持っていくか、どう形を変えて付加価値の加えた商品にするか、それを綿密に考え、少しのチャレンジをすることにより違いを創っているのです。

「あなただからできる」とは、自分の商品、技術に溢れる思いを持ち、研磨し続けているあなただから、本物の言葉で伝えられ、人の心に届くということです。いかがですか？「それなら私も当てはまるかな」と思いますよね！

営業未経験は大歓迎です

■店で一番売り上げる朴訥で大人しいアパレルスタッフえみちゃん

営業職に就いた経験のある方は、若いときに鍛えられ、慣れているから、私とは違うと言われる方が多いのですが、私は違うとは全く思いません。

販売スタッフの教育を依頼され、アパレルスタッフを指導させていただくことが多いのですが、流暢に喋れるスタッフが多い中で、朴訥で、大人しい、でも笑顔の素敵なえみちゃんという女の子がいました。

その子は、本当に田舎から出てきたてのようで、お客様を乗せるような楽しいお話もそんなに得意ではない、けれど素直に本心が出てくるのです。

私が試着室から出てきたら、彼女は「…似合う…」と一言素で言ってくれたのです。本当にそう思っていることが、表情、声で一目瞭然！　素過ぎ！　でも案の定購入です！　そんな、えみちゃんは、そのお店で一番の売上を上げるスタッフなのです！

どんなに流暢に接客されても、心に響かない人もいる。逆に、たった一言でも心に響き、購入に繋げられる人もいる。営業経験があり、流暢に話せ、切替しも上手な人が、皆、心に届く提案ができているわけではありませんよね。

もちろん、わかりやすい説明をする練習、聞き取りやすい話し方、ビジネスマナー等、身につけることは必須ですが、極端に営業への抵抗を感じる必要はないと、本書を読み終えたときに思っていただけると嬉しいです。営業未経験でも大丈夫！

「断られるかも」の不安との関わり方

■断られるかもと思ったら笑い飛ばそう

もう1つ、生徒さんによく聞かれるのが、「先生は断られたらどうしようという不安はないのですか」ということです。答えは、「全くありません」です。

相当自信家でイヤミな女、ではなく（笑）、「断られたらどうしようと思うのは傲慢だ」と思うからです。断られない私というのが前提にあるから、断られることに怖さを感じるのだと思っています。「まあ、断られることもあるだろう」と言う前提にいることが自分をフラットにしてくれ、研鑽を積めるあり方かなと。

１００点取れなかったらどうしようと隣の子が言っていたら、少々引きますよね…。なので、断られるかもと思ったら、自分で突っ込んで笑い飛ばしてみましょう！　傲慢か！　と(笑)。

もう1つ、不安がない理由は、断られるには断られる理由があると客観的に自分を見ているからです。ただ、その理由を突き詰めて整えていくだけと考えています。目線をもう少し先に置くことで、今、目の前の事実は自分にとってよい材料でしかないですものね。

その方法でもやっぱり不安は消えないという方は、そのままで大丈夫です。企画書と不安を両手に抱えたままでよいので、チャレンジしてみてください。不安は悪いことではなく、パワーにも変わるエネルギーでもあると思います。

不安だから勉強する。不安だから準備する。不安だから確認する。すべてよいことですよね。断られるかもという不安は、持ったままで大丈夫！

あなたにとって1点の曇りもない商品なのか

■今の商品に自信を持てているか

起業家の得意なことは、1つの商品を徹底的に研磨できることです。そして、もともと自分がこの商品、技術を広めたい！　皆に知って貰いたい！　と始めた大きな動機がある。その時点で、自分にとっては宝物、その宝物は、今の時点で1点の曇りもない商品になっていますか。

技術なら、自分に自信を持てていますか？　商品なら、今の時点で最高の商品に出来上がっていますか。

私の知合いのリンパセラピストさんは、まずは１００人斬り！　で技術を上げたという方もいらっしゃいました。私のスクールの生徒さんには、技術アップの場を提供し、私が見ているところで集中して技術を上げて自信を持ってもらうようにしています。スパルタですが、1点の曇りもない商品にするために、自分の決めた目標に臨むことと、客観的視点を取り入れることの両方が大切だと思っています。

■本当によいと思うものだけを商品にすれば強くなれる！

私が断られるかもという不安がないもう1つの理由は、「こんなによいこと、取り入れないのはもったいない」と本気で思っているからです。そう思えるのは、自分が本当によいと思うものしか商品にしていないからと言えます。ここに関しては、確かに防音ガラスレベル並みの強さです。その商品に後ろめたさがあるものや、納得のいっていないものをおすすめすることはできません。嘘がつけないのです。私にとって商品は＝自分だからです。

モデルの仕事をしている友人から聞いたことがあります。モデルさんも、様々なオーディションを受け、残念ながら落選することもありますよね。そのときどんな気持ちなのという私からの問いに、彼女は「その商品のイメージに私が合わなかっただけだから、何とも思わないよ」と言う答えでした。

私達も同じです。自分の商品に自信があれば、断られることがあっても、タイミングが合わなかった、値段が合わなかっただけで、自分の商品が否定されたわけではないと思えるからです。

例えば、不動産業の方なら、物件だけではなく、自身の対応、自身の気配り、自社のサービスを誇れれば、それも商品の自信と同じことになります。その根本の土台に自信を持つことで強くなれる。信じ続けていけると思うのです。

私自身、自分が感動して、他の方にこんなに喜んでもらえる仕事がしたい！　自信がない方に自分ってこんなに素敵なんだと気づいてもらいたい！　自分を楽しんでもらいたい！　と思ったのがきっかけで、カラーアナリストという仕事に就きましたから、お客様の感動と笑顔を信じています。だからこそ、誤診のないように技術を磨いてきました。技術を研磨した自信がなければ、心からの営業はできなかったでしょう。

人の心に響くのは、本当に好き！　本当に楽しい！　本当によい！　という話し手の心からの声が聞こえたとき。もし、自分の技術に未だ不安があったり、商品に改善の余地があることを知っているなら、まず、研磨に集中し、創り上げていきましょう。自分の中で自信が広がったとき、強くなり、心から伝わる営業になると思います。

矢印の方向を常に正そう

■誰に喜んでもらうために頑張るのか。矢印を自分に向けない

壮大な話になりますが（笑）、人生において人と幸せなコミュニケーションができる方は、心の

矢印がまずは人に向いている方だと思うのです。自分がではなく、まずは目の前の人がどう感じているか、思っているかを感じることが大事です。仕事も同じ。自分がではなく、目の前の方がです。

私の会社にも営業の方がよく来られますが、自分矢印の方によく出会います。目の前の私のことを見てはいるけれど、感じてはいないのですね。

自分で一生懸命だったり、自信があり過ぎて、自慢話になっていたり。時々、「もしもし！　私が見えてますか～」と突っ込みたくなります。

常に、目の前の人に矢印を向けておくことは、日常できていないと、営業ではより見えてしまう部分だと感じています。自社商品のレベルアップにもこの矢印は大きく関わってきます。

私の仕事は、色を分析するという計りが難しい仕事です。ですので、プロのアナリストでも診断に差ができることが一番の難点でした。それでも自信を持って仕事にしているのは、スタッフ同士で2段階診断をすることで4つの目、時には8つの目で診断することで的確な診断をするというシステムとしたからです。それでもスタッフは皆プロ。自分のプライドもあります。自身の診断と別の結果も受け入れることになる場合があります。そのとき、「自分が」を置いておいて、「目の前のお客様のために」目を向けられるか、ということが仕事では大事だと共有しています。

私自身も、常に、これは自分矢印になっていないかと自問自答しています。夢を叶えたい！　もっと活躍したい！　と願うとき、矢印の方向を常に外に向けておくことの大切さを肝に銘じるようにしています。

感謝される営業ができるようになろう

■営業に行って感謝されるのです

昔、スーパーも少なくコンビニ等がなかった時代、お豆腐屋さんや魚屋さんがリアカーを引いて家の周りを廻っていた時代がありました。私は出会っていませんが、きっと世の中の主婦の方は、その「営業」に感謝していたはずです。お給料前で夕食に悩んでいるとき、湯豆腐にしようと想像できたとき、麻婆豆腐をつくる予定にしているけれどノーメイクでスーパーに行くのが億劫なとき、「ベストなタイミング」で「欲しい物」を「予算内」で揃えてくれたとき、人は営業に来てもらったことに感謝が沸きます。

今でも過疎地に移動販売車が廻っていますが、皆さんとても感謝されていますよね。あれも1つの営業です。ただ、自宅に電話や、直接訪問に来られるとなぜか疑ってしまう。そんなときはこちらがちょうど情報を求めていることであったり、知名度や実績があるかどうかが不安の払拭となります。

私が営業を楽しいと思える理由がここにあります。営業に伺って感謝してくれるからです。1度も邪険に扱われたことはありません。もちろん、すべての訪問先からご依頼をいただけるわけではないですが、そのときはなくとも、2年後や3年後にお仕事をいただいたこともありました。

皆様のお仕事も必ず誰かの役に立つはずだと思うのです。どこにリアカーを引いていけば、よく来てくれた、有難う。といって貰えるのか、そしてリピーターになってくれるのか、その場所は必ずあるのだと思います。その場所にぜひリアカーを引いてご紹介に行きましょう

営業は、本来、伺う側も、訪問される側も、ご縁の時間であり、豊かな時間なはずです。営業が苦手だと感じている方には、ぜひとも営業のイメージを変えてほしいと思います。する側も、される側も、幸せな営業になって欲しいと心から願っています。

■幸せな営業ができる４つの条件

・商品を1点の曇りもなく創り上げ自信を持つ。
・4方よし以上の商品にする。
・ベストなタイミングで欲しい物を予算内に提案する。
・一緒に仕事がしたいと思われる力を持つ。

私は、この方法で幸せな営業ができるようになりました。逆に、４つ揃ってない状態で頑張って営業をしていたら、断られることが続き、負のループに入ってしまったかもしれません。

営業も科学！　1つひとつ分析し、何が求められなかったのか理由かを知り、修正を繰り返していくことの大切さを感じています。誰もがそれができ、もともと持っている想いを添えれば、幸せな営業の時間を味わうことができると思うのです。

■まずは営業への自身のイメージをクリアにしよう

営業に苦手意識を持っておられるあなたは、何がストッパーになっているのでしょうか。どんなイメージに苦手意識が芽生えているのでしょうか。そこをまずは知ることから始めてみましょう。

感謝されていない営業をテレビで見たり、ノルマに追われているイメージでしょうか。知合いから聞いて何となく大変そうと思ったのでしょうか。そんなイメージと実際あなたが営業に行くとしたらどのくらい齟齬があるでしょうか。確認してみましょう。

次の項目に当てはまりますか。

□自分自身が感銘を受けて今の仕事をしているということは他にもよいと思う人がいる
□自分にはノルマはない（もしくは目標値があるのみ）
□自分はきっと押売り等しない
□毎日毎日飛込み営業するわけではない
□営業成績が上がらず怒られる人はいない
□お客様から怒鳴られるような行為はきっとしない

この項目に当てはまる方は、きっと想像の中で苦手意識を持っているだけではないでしょうか。ノルマに追われることもないでしょうし、きっと怒鳴られることもない方だと思います。未知への不安が足を止めている方が多いのではないかと思います。１度クリアにしてみましょう。そして、これから読み進めてもらう準備をしていけば、きっとイメージとのギャップを感じられるでしょう。

第2章　営業珍道中

営業せざるを得なかった時代背景

■発信方法が少なかった時代背景

プロローグで少し触れましたが、私がなぜ営業をするに至り、今でもなぜ皆様に営業のことを知っていただきたいのかお話させてください。

私が起業した当時は、SNSがほとんどなく、ちょうどmixiが流行っていた頃でした。個人のお客様獲得の拡大にこぞってmixiを活用させていただき始めた頃で、とても画期的でした。そして、未だすべての企業がホームページを持っているわけでもなく、個人事業主たちは、自社のチラシをつくって配っているという時代でした。未だワープロ時代！　文字が何だか薄かったのです（笑）。

そんな中ですから、今のようにSNSの導線を上手く創り、個人のお客様と繋がることも簡単ではなく、もちろん企業さんと繋がることなど本当にない時代でした。今思えば、あの頃は、どうやってお客様と接点を持っていたのでしょうか…。

私が起業をした年は、長男が幼稚園に通っていましたので、幼稚園のお母さん、そしてそこからの紹介と本当にコツコツ続ける日々でした。

起業当初は、月3万円ほどの収入しかない中で、ビラを配ったりもしましたが、ビラから来てくださった方は1人もいらっしゃらない。どんな方法でやっていけばよいかわからない状態でした。

■小さな会社は待っていても仕事は来ない！

私にとっては。というのも、時代背景とさも全体がそうだったように語りましたが、私が営業に行くしかないでしょ！　と思っていたその頃でも、実は知合いの起業家仲間で営業に行っている方はほぼいなかったのです。

それは何を意味するかと言うと、どんな時代でも営業に行くという行為は、少しハードルが高いと思っている方が多いということです。

そんな中で私は、黙って待っていても、私の仕事を知ってもらえるはずがないと判断しました。そして、「これはこっちからお邪魔するしかない！」と、企画書をワープロでパタパタパタパタつくっていたのです。

なぜなら、そこまで発信ツールがない中で、万とある事業から自分の事業を見つけてくれるわけがなく、待っている時間が無駄だと思ったのです。

育児との両立を叶える働き方プラン

■自分も大切な人も大切にできる働き方を探す

起業当初は、自宅サロンと訪問形式で個人コンサルティングを始めました。その流れが一般的でしたし、起業当初はサロンを借りられる資金もないですよね。それは、今の時代も同じだと思いますので、案外環境は変わりません。

何とか紹介でお客様が来てくださいましたが、1人2時間のコンサルティングでぎりぎり1日に詰めても3人。1月25日働くとして、75人が精一杯です。このように収入の上限は見える上に、1月75人のお客様が1年を通して来てくれることなどあり得ない……。好きなことで仕事をするって難しい。1人で悩む日々でした。

加えて、どう？ 子供を送り出して、家事をして、お客様を迎えて、子供を迎えに行って、家事をする。これを休みなく永遠に頑張るのは、現実的ではないでしょう！

そして何より、子供が2歳と0歳。近くに両親がいるわけでもなく、今で言うワンオペ育児でしたから、無理！ 今読んでくださっている方もそんな環境の方も多いと思います。熱を出したら、お客様をお断りしなくてはいけないし、子供の行事にも行きたい。両方を叶えたいのにできない。

自分が疲れたり、ぎすぎすすることは、お客様に対しても迷惑なことですし、家族にとってもとんだ迷惑ですよね。やはり、自分がいつも心豊かにしていることが不可欠です。

そのためにはどうすればよいか？ 心底悩み、探っていました。

■1月に4日働くプランを目指す

そんな背景から、私は、早々にその頃の私にとっての非現実的な方法を手放し、自分に合った働き方を考えることになります。考えた結果が、最終目標は「1月に4日働くプラン」です。

要は、週1で働くことです。もちろん、完璧に4日とはいきませんが、細々した仕事は4日の中に入れず、4日で収入を得られるようなビジネスモデルを創ろうと考えたのです。月3万円の収入の時点で、何と言う大それた考え！

昨今、働き方改革と言われますが、それは働ける方の台詞！　もともと制限がある中で働くには当たり前のことですし、大きな声で叫ぶことでもないとテレビを見ながら思うのです。

もちろん、そんなことはすぐに叶うはずもなく、最終目標として構想を練りつつ、目の前のことに取り組む日々でした。さすがに、この1月に4日働くプランは、「私流これがいい！」の1つなのですが、叶うには時間がかかったものの1つです。

では、なぜ、そんな小さな子供がいるのに起業をしたのかという話になりますが、子供が小さいときに学び、事業の土台をつくり、手が離れた頃には自由に全力で仕事ができる流れをつくりたかったのです。手が離れてから1から始めるには、私にとっては遅いと感じていたからなのです。

そしてもう1つ、社会から離れ、子育てをしていたあの頃、世の中から取り残されている焦りや自分が社会に求められていない不安を潜在的に感じていたのです。テレビで見る、輝いている女性は豊か、家で子供といる自分が何も持っていない、そんな虚無感を感じていました。社会との繋がりを求め、社会に求められたい、認められたいと思っていたのだと思います。

ちなみに、この頃は未だ子供たちが未就園児だったため、営業の電話をかけるのも必死です。お昼寝の時間帯にかけるのはよいとしても、かかってくる電話に時間設定はありません。子供が泣いていたり、電話の途中にママーと寄ってくる。今のようにテレワークが普通で、「そんなこともあるか」という時代ではなかったので、本当に電話対策には悩みました。結局、仕事のときは保育園に預けるというスケジュールを組んでこなしていました。

そんなこともありましたが、今思っても私にとってはこの方法が本当にイメージどおり、正解でした。今、子供たちは成長し、私自身、全国を飛び回っても家庭が回る体制ができました。そして時間はかかりましたが、今は「1月に4日働くプラン」を叶えています。

お客様が教えてくれてできた商品

■幸せな循環に感謝の日々

起業当初、お客様に似合う色をコンサルティングさせてもらい、その皆様が一緒にお買物に行ってほしいとリクエストをくれるので、化粧品を買いに行き、服を買いに行きました。皆様、喜んで買い物をしてくれて、入ったことのないお店に入ってくれ、気に入ってくれる。1度のお買物で20万円以上のお買物をされる方もいる。心配になって、「無理に買ってるわけではないよね」と聞いて笑われたこともあります。

そして、お店のスタッフの方に、「どうしてあんなに皆様お買物してくださるんですか」と聞かれます。こんな風にお客様にアドバイスできると喜んでくれますよ！　とお話をすると、「私たちにも教えて欲しい！」と言ってくださる。そんな幸せな循環を繰り返し、私の中で仕事をする度にお客様への感謝とお仕事させていただいているショッピングモールへの感謝が沸いてきました。

自分を活かしていただいている！　仕事ってこういうことだよなあ、と。そして、人が喜んでお金を使いたくなる場面を見て、感動によって人がここまで動かされることにも驚きました。買いたい！　とワクワクしているお客様を見て、自分の仕事がお客様にも役立ち、お店にも役立ち、ショッピングモールにも役立つことを教えてくれました。

■やり切ることで見えてくるものがある

とにかくお客様に、ただの感動ではなく、感動の回数を連打で味わってもらい、失神レベルを目指しました（笑）。

例えば、メイクなら、その方に似合うブラウン、ブルー、ピンク、グリーン、パープル、すべての色をそれぞれタッチアップして差し上げ、全部の自分を味わってもらう。お洋服なら、２時間で10着以上試着してもらい、会ったことのない自分に出会ってもらう等、満腹にしてもらうのです。夏は汗だく、足は棒！　でも、終始アドレナリンラッシュで最高の笑顔で帰っていただけました。

ビジネスのセオリーとしては、満腹にせず、もう少し食べたいなというところで次に繋げましょう等と書いているビジネス本もあります。しかし、私は、最初からこの塩梅はできませんでした。満腹になってもらって、倒れてもらいたかったですし、アドバイスを途中で止めることができませんでした。

それがよいのかどうかわかりませんが、私はその中で、ショッピングモール中のお客様に診断して差し上げて、「このお店のこの服が似合うよ！」、「このコスメが似合うよ！」と言ってあげたいと思い、そんなイベントをしたいと思うようになりました。

ショップのスタッフからも、「私にも教えて欲しい！」と言っていただいたことから、こんなにお客様に喜んでもらえる知識を販売スタッフにも教えてあげて、スタッフも幸せな接客を味わってもらいたい、そのための研修をしたい、と思うようになりました。

そんな風にお客様に見せていただいた反応から、私の商品は創られていきました。何でもやり切ることで次の方向性が見えてくるのだと思うのです。

■高く大きいプランを描くことですべてがついてくる

こんなにお客様が喜んでくれる場所はない！　私の知識をこんなに欲しがってくれる場はない！そう思えたショッピングモールで、私は力を尽くしたいと決めました。

そこから完成図を創り、必要なことを書き出し、企画書の作成は一瞬でできました。お客様から求められた「イベント企画」と「研修」、2つの商品です。

この企画書は、対象人数、規模ともに、これまでやったことのないプランです。しかし、実際、今もこの企画書と何ら変わらない規模でお仕事をしていることに驚きます。夢は大きくと言いますが、描くプランも大きくすることの大事さを感じます。

■完成図からの逆算と準備

さあ、そこからです。その企画を成し遂げるには、いろいろな準備が必要でした。スタッフ、備品、オペレーションの流れ等、考え得るすべてのことを整えました。準備が整ったら、その企画の小規模版を実践していきます。私の商品が「イベント企画」と「研修」なので、実践していくという言葉になりますが、物を販売されている方は実販売ということになります。

そこで、見出しに書いた「完成図からの逆算」がとても大切になってきます。まずは完成品を創り、今行っていることが完成品の場合どうしたらよいのかと常に考え整えていくのです

例えば、私のイベントでは、基本１００人のお客様にサービスをする企画書をつくっています。実際、お客様の似合う色を診断するには、最低30分以上かかります。１時間かけてもわからない方もいます。自宅でのマンツーマンコンサルティングであればその技術で事足りますが、私が実施したい完成品であれば、１００人等は到底無理です。ですから、小規模での実践の際も、同じ時間配分で行うことで可能な感覚を掴んでいきます。そんな風に準備をしていきました。

営業スタート

■動くことで確認できることがある

忘れもしません。一番最初の営業は美容室でした。自分自身、ヘアカラーの似合う色が知りたかっ

たけれど、わからない。美容室でもっときれいになる自分を体験してもらえると、お客様もお店もいいんじゃないかと思い、アポを取り、廻らせていただきました。

どのオーナーさんも優しく話を聞いてくださり、チラシを置いてくださいました。ある美容室のオーナーは、スタッフに教育をして欲しいと言ってくださり、数回に分けてお客様の色の見分け方をスタッフが学べる教育プランをご依頼いただけました。

こちらから出向かなければ私の仕事を知って貰えないと思い営業に行くことにしましたが、本当にそのとおりでした。どのオーナー様もそんな理論、診断があるんだー　と、初めてのことに興味を示してくださったのです。

そんな方々の温かさと告知は、やはり待っていてもダメです。伝えに行かなければ知って貰えないと肌で感じたものです。そこから、様々な角度の企画書を創り、ご紹介に上がりました。

そして、ホテル、紳士服チェーン店、眼鏡屋さんなどすべてにアポイントメントを取り、お邪魔していきました。どこに行っても、「それはよいね」と言ってくださいました。まあ、よい企画なのは間違いないらしい。そこは確認できましたが、仕事にすぐには繋がらないところも多く、もどかしい日々を送っていました。

■営業も科学

私自身、感覚で動き、感覚で話す人間ですが、科学的に物事を分けて考えることはかろうじてできていました。仕事に繋がらない理由を自分なりに分析し、タイミングなのか、値段なのか、企画が響かないのか、担当の方の想像の中に入れなかったのか、会社の方針と違うのか、はたまた私が信頼できないのか。営業を続けながら、理由を分析し、絞っていきました。

分析の中で何度も出てきたキーワードが、オーナーのメリットに「もっと」ならなければというこどでした。もちろん、オーナーのメリットになる企画をつくってはいるのですが、「もっと」というところをさらに強く意識しました。

そして、お仕事をいただいたときも、なぜ採用してくださったのかの分析です。そのために、営業に行った先で、よいことも、悪いことも聞かせていただくようにしました。

自分の商品が、社会でどんな形なら、どの値段なら、どのタイミングなら必要とされるのか、自分が動いて初めてわかるのが営業。軌道に乗るまでは営業をしながら手探り状態でした。

■変わらぬモチベーション

起業から14年、「経営へのモチベーション、営業へのモチベーションをどう保っているのですか」と聞かれることがあります。確かにお仕事をいただけなくても営業をし続けることは、くじけることもあるかもしれません。しかし、なぜかモチベーションはいつも変わらず保てていました。

その理由は、２つあります。

１つ目は、ゲーム感覚で楽しめていることです。どのお客様に見てもらおう、きょうはこのお客様にトライしてみよう。新聞を見ると、このお客様のところに行ってみよう！　等、常にゲームを攻略するように営業を楽しんでいました。私の商品を喜んでくれるところが沢山浮かぶことが嬉しいのです。そして、アポイントメントが取れるとまた嬉しい。営業に伺ってすぐに仕事に繋がらなくても、これからお付合いができるお客様が増えたことが嬉しい。その繰返しがモチベーション維持に繋がっていました。

もう1つは、その感覚とは真逆の、自分の叶えたい目標まで辿り着きたい、見たことのない世界が見てみたい、社会に求められたい。その気持ちの強さが、がむしゃらに自分の背中を押していました。陰陽のその2つの感情で何とか子育てとの両立をこなしていましたが、今思えば、髪を振り乱し進んでいたことと思います。いや、子育てとの両立だったからこそ、時間のやりくりをするスキルや効率を上げるスキルが養われたのかもしれません。自己流で手探りのその頃でしたが、自分が思う本物になりたい、この業界で一番、技術力で一番になりたいという目指すゴールに向かって行きました。

夢を叶え、拡大・再出発

■憧れの事務所を持つ

最初の事務所は、起業して3年後、家賃月11万円の素敵なところでした。嬉しかったです。起業して最初に目標を置いたのが事務所を持つことでしたので、まずは1つ夢を叶えました。

その5年後、3倍以上のスペース、家賃の事務所に拡大し、スタッフもお願いできるようになりました。

事務所の次は、「スタッフと一緒に仕事がしたい！」が夢になっていたので、また叶えることができたのです。とても幸せでした。初めに完成図を描いたプランどおりに企画が通り、少しずつお仕事が増えていきました。

ところが、その3年後、癌が発覚し、抱えているものをすべて手放しました。様々なよいこと、悪いことが誰しもありますが、ここで私が軽やかに乗り越えられたのも、営業でできた顧問先があり、パートナーをつくって来ていたからだと思っています。

■流れをそのままに再出発

休職中も仲間に仕事を任せることができ、仕事に穴を開けることなく進みました。そして、復帰後も、それまでの流れどおり戻ることができ、今に至ります。

自分で仕事をするということは、沢山のリスクをマネジメントする必要がありますよね。復帰後も何ら変わらずお仕事ができていたのも、営業でご縁ができた企業さんが、変わらず私の商品に信頼を置いてくれ、求めてくれた結果だと思うのです。

加えて、一緒に仕事を創ってくれるパートナーの存在です。私が望んだ余裕を持った自由な働き方ができるためには、企業様とのお仕事の柱をつくることが必要で、そのための営業が不可欠でした。

そして、様々な経験後、これまで営業に出向き、お客様と信頼関係をつくれていたことに助けられたのです。そんなことから、営業の大切さを改めて感じています。

仕事のプランは、高く大きいプランを考えることが大事という話と同じく、自分にとってどんな働き方をしたいのか、最初に月に4日働くプランを掲げ創っていったことも叶えられた要因だったと今では思います。

私の営業珍道中は、大それた発想から始まり、叶えるまでの道のりでしたから、少しハードな道ではありましたが、わかりやすく進める旗があることで進みやすかったとも言えます。

仕事を通してどんな人生を送りたいか。自分で起業するということは、自分で人生を創っていきやすいですよね。何でも自分で舵を取れる。だからこそ、どんな人生を送りたいかを明確にわかっていることが、豊かに生きることができる大事な要素になると思います。

病気になり、1度すべてを手放したのも、執着しない、軽やかに次に進む、家族を安心させる、そんな思いがあったからです。

私は、自分の存在、自分の力、得意なことで人の役に立ちたい、心が豊かになることだけを選択して生きて行くと決めています。本書を書きたいと思ったのも、幸せな営業があるということを伝えることで、誰かの役に立てると考えたからなのです。

第3章　私のBtoC＋BtoB＝100戦略！

コンパクト経営という考え方

■BtoCとBtoB

企業が一般のお客様に対してサービスを提供するのがBtoC（Business to Consumer）、企業が企業に向けてサービスを提供するのがBtoB(Business to Business)です。

女性の起業の多くは、BtoCの個人相手から始める方が多い特徴があります。私自身もそうでしたし、起業しやすい形態ですよね。

しかし、始めて見ると、限界を感じ、身心の疲労に繋がっていくのも事実。これを脱却するにはどうしたらいいのでしょうか。単価を上げていくにも、お客様が減る怖さに踏み出せません。そんな女性たちを沢山見てきましたし、私自身も、皆様と同じ悩みを抱え、考え、そんな世界を抜け出そうともがきました。

その世界から抜け出し、女性が余裕を持って、時間を自由に使える働き方を手に入れるには？実際、私が辿った戦略をお話しします。

■私流コンパクト経営への道

小さな経営をするという意味ではなく、効率化を重視し、１人当りの生産性や品質を著しく高める経営のことをコンパクト経営と言います。簡単に言うと、「最低限の必要な人数で大きく稼ぐ！」ってことです。大企業であろうが、中小零細企業であろうが、今このコンパクト経営の大切さを身に染みて感じているはずですよね。

私は、元々、会社をつくりたかったわけでもなく、ただ自分の技術で喜んでもらいたいと思って起業しました。経営者は会社を大きくし続けなければいけない、会社ならこうあるべきだという世間の一般的な思考に戸惑っていました。

こんな甘いことでは駄目なのか？　でも、それがよいのにと、本来、「これがいい！」、「こんな感じがいい！」と生きている自分が急にべきべきの箱に入ってしまい、狭く苦しかった時期がありました。

それでも、このコンパクト経営を知ったとき、私が目指したかったことを代弁してくれたように思え、「これでいいんじゃん！」と思えたのです。そこからは、経営だって自分の思うようにしてもいいんだと思え、楽になりました。

最初は、「最低限の必要な人数で小さくしか稼げない」のが現実でしたが、そこから「最低限の必要な人数で大きく稼ぐ」に近づけていけるようになりました。月3万円の売上のスタートから、テレビで憧れた年商1，０００万円の発明家のおばちゃんに近づくため、そして、さらに欲張り、「目指せ月４日のビジネスモデル！」に近づけていくために、私流コンパクト経営作戦を立てていったのです。

■私が理想のコンパクト経営に向けてつくったBtoC

私がBtoCの販路の中でどうコンパクト経営に近づけたかというと、まずはBtoCでお客様になっていただいた方に、商品を違った角度で提供し、新たな需要を促しました。

図表1の流れのように、まずは似合う色をアドバイスすることで喜ばれるコースを増やしていきました。それは、自分の技術ですべてのことができるため、無駄な動きやコストをかけることなく、そして1人のお客様からいただく単価も上がりますので、生産性も品質も向上させていくことができます。

次に、綺麗になりたいと思っていらっしゃるお客様にトータルで整え自信をつけてもらうスクールを始めました。既に信頼のあるお客様に、新たな商品をご紹介できることになります。そして、

【図表1　理想のコンパクト経営BtoC】

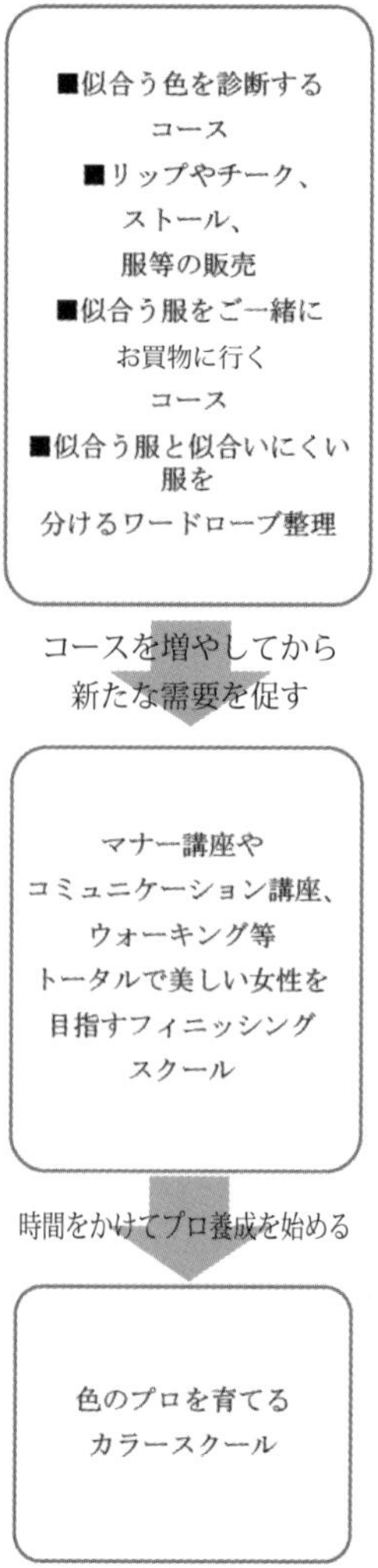
■似合う色を診断するコース
■リップやチーク、ストール、服等の販売
■似合う服をご一緒にお買物に行くコース
■似合う服と似合いにくい服を分けるワードローブ整理
コースを増やしてから新たな需要を促す
マナー講座やコミュニケーション講座、ウォーキング等トータルで美しい女性を目指すフィニッシングスクール
時間をかけてプロ養成を始める
色のプロを育てるカラースクール

時期を経て、カラーのプロ養成スクールを始めました。

今では、積極的に個人のお客様の診断をすることはなく、スクールの主が BtoC になっています。

私の場合は、BtoC と BtoB を同時進行していました。その中で、実は BtoC の割合を上げることに苦手意識を持ち続けていました。その要因は、わかっていました。BtoB は、こちらから出向き、商品と私のすべてを綜合して信頼いただけ、お仕事をさせていただけるのですが、BtoC の発信方法は、ブログ、SNS と、私らしさを発揮できず、中途半端な発信にしかならなかったためです。

したがって、ほとんどのお客様・生徒さんは、口コミ、紹介から来てくださり、逆に素敵なコミュニティーができることになりました。そして、会社としていただいたお仕事を生徒さんへ発注することができる仕組みがあることから、スクールの付加価値も並行して増すということが叶いました。

■私が理想のコンパクト経営に向けてつくった BtoB

次に、私の BtoB のつくり方は、図表2のような流れです。

ショッピングモール様に役立つ商品を増やすことで、同時に2方向でのお仕事ができるようになりました。そのお仕事を全国のモールさんで展開することが、基本の BtoB の土台となっています。

そして、インテリアコーディネーターでもあることから、空間でも役に立てることがあると考え、建築の中でも色に価値がある病院、福祉施設専門として、色彩計画に携わるようになりました。

さらには、自身のために通ったマナースクールですが、従業員研修の御依頼もいただくようにな

【図表２　私のBtoB】

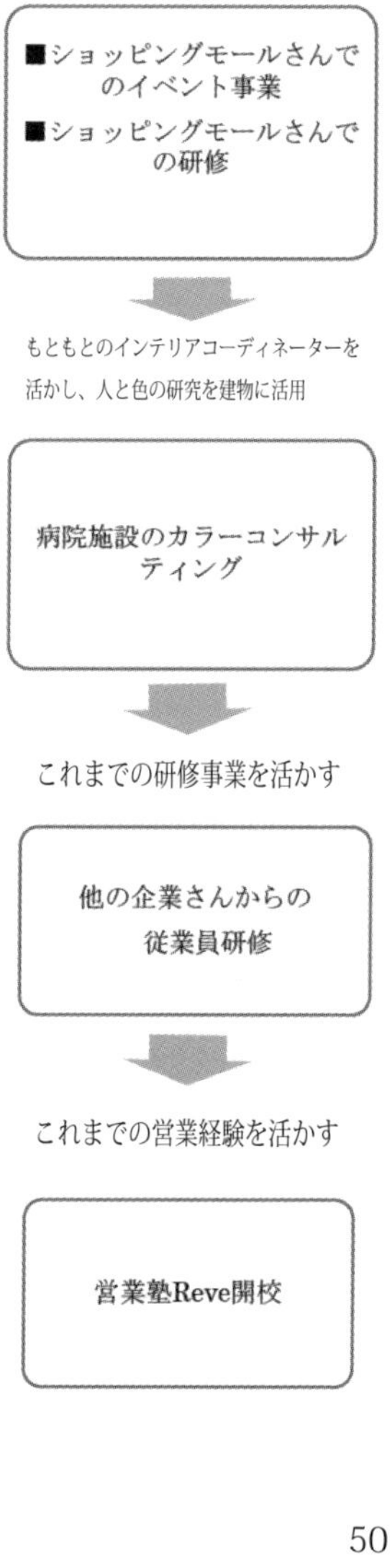
■ショッピングモールさんでのイベント事業
■ショッピングモールさんでの研修
もともとのインテリアコーディネーターを活かし、人と色の研究を建物に活用
病院施設のカラーコンサルティング
これまでの研修事業を活かす
他の企業さんからの従業員研修
これまでの営業経験を活かす
営業塾Reve開校

り、アパレル以外の企業様にも新入社員研修やマナー研修をさせていただくようになりました。

加えて、本書を書くきっかけとなった営業塾 Rêve の開校も、これまでの自身の道中での経験を求めてくれる方の声から始まりました。

このように、自分が役に立てることの場を考えることで、BtoB の中でも別の事業が可能になっていったのです。

■BtoC ＋ BtoB ＋リスクマネジメント＝コンパクト経営

このような経験から、コンパクト経営を強固なものにする要素と流れを、私は図表３のように考えます。

【図表３　コンパクト経営を強固にする要素と流れ】

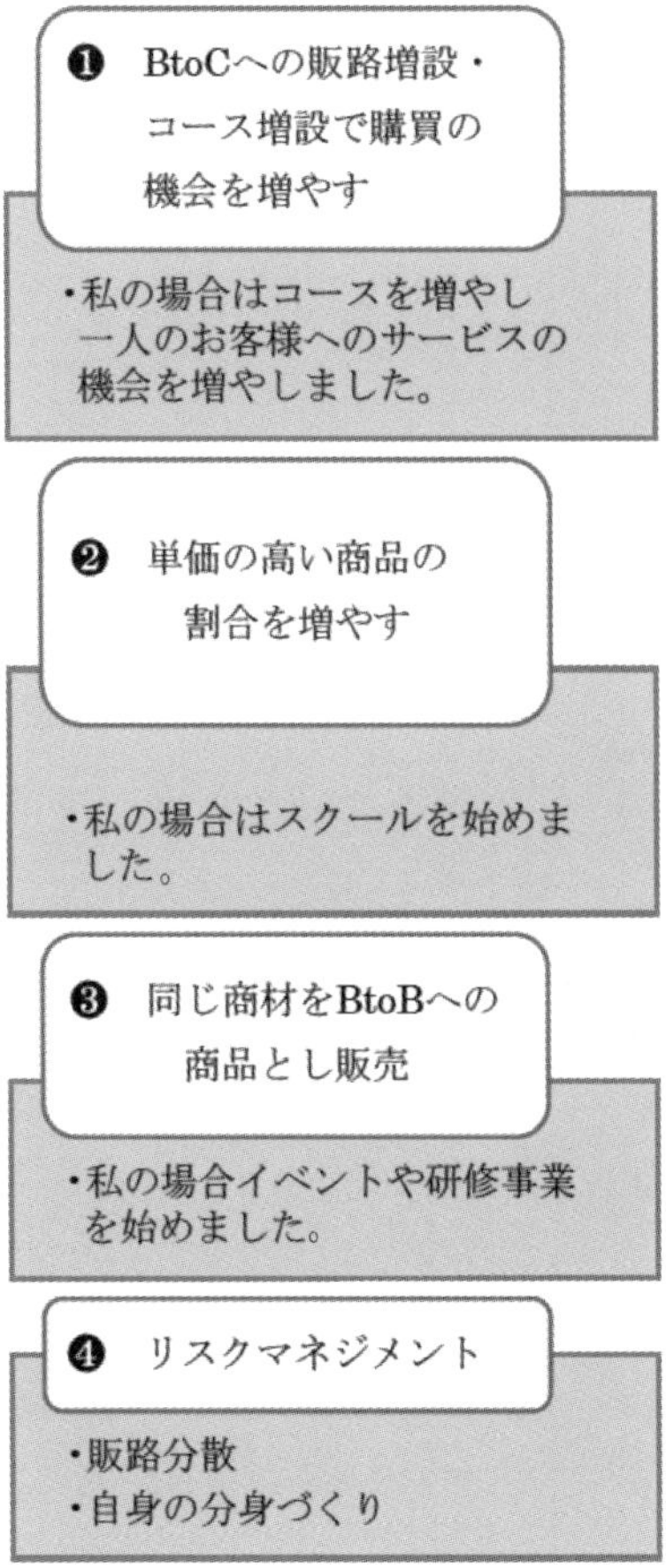
❶ BtoCへの販路増設・コース増設で購買の機会を増やす
・私の場合はコースを増やし一人のお客様へのサービスの機会を増やしました。
❷ 単価の高い商品の割合を増やす
・私の場合はスクールを始めました。
❸ 同じ商材をBtoBへの商品とし販売
・私の場合イベントや研修事業を始めました。
❹ リスクマネジメント
・販路分散
・自身の分身づくり

この❶❷までがBtoC、そして❸のBtoBを合わせ、❹をプラスして、やっとコンパクト経営が叶います。もちろん、投資や権利収入等を加えて実現させる手段もありますが、ここでは商品の扱い方に絞って考えてくださいね。

今の状態が❶であれば、１人で行っているため、自分の時間と労力を削って、ヘトヘトになる状態になっているはずです。へとへとになっていないまでも、その状態を10年続けられるでしょうか？

次に、❷をどうやっていくか考えていきます。高単価商品でのBtoCが叶っている方なら、BtoB

がなくとも事業は一見成り立つように見えますが、有事の際の販路分けの大切さを見たとき、やはり売上を分散させることは大切だと考えます。

それと同時に❸、そしてすべて同時に❹を考えていく。その流れで余裕を持って仕事が楽しめる状態にしていきます。

■仕組みづくりとリスクマネジメント

そこで大事になってくるのが、仕組みづくりとリスクマネジメントです。

仕組みづくりも、人によって目的に合わせた様々な方法がありますが、私の仕組みづくりのゴールは月に4日働くことで、私の欲しい売上が成り立つということです。したがって、考え方は、いかに労力を使わず、いかに価値を上げ、その価値に見合う単価の商品を創るかという単純な思考になってきます。

労力を使わないということは、
・1つのクライアント様に何度もご依頼いただけるリピート商品にすること
・1つのクライアント様に別商品もご提案し、ご依頼の機会を増やすことになります。
そこに加え、受注が増えたときの対応の仕組みづくりとしては、
・誰でもできる体制をつくり、大量生産できる形にする

ことです。

この仕組みにより、月４日働くことで経営が成り立つプランができました。

リスクマネジメントは、すべてを最初から完璧にする必要はなく、商品を育てながらつくっていっています。

ちなみに、私が注目して見ていたのが、ジャパネットたかたさんと明石家さんまさん、ジャニー喜多川さんです。たかたさんは、あの声と表情と雰囲気で人気を博してきたのに、もし病気になったり、引退する際にはどうするんだろう？　明石家さんまさんは、年を取ってきたらあの面白さはどうなるんだろう？　ジャニー喜多川さんは、彼の眼力、感性をどう引き継いでいくんだろう等、彼らのリスクマネジメントを注目して見ていました。

たかたさんは、徐々に後継者を育てていました。さんまさんは、影の努力で品質を維持し、ダメになったときはそのときと割り切っているように見えます。ジャニー喜多川さんは、きっとご自分の感性に合うのが滝沢君だと信頼を置いたのだと感じます。

私は、講師でもあり、イベントでは影の存在でもあり、尊敬する３人に共通点を感じていることから、彼らの移行の流れや決断を僭越ながら参考にさせていただいています。

私自身、すべてが完璧にできているわけではなく、できていること、段階的に創っていること、まだ先に置いていることとそれぞれ次の感じです。
○できていること……イベントを任せられるスタッフ

○段階的に創っていること……研修ができる講師
○まだ先に置いていること……スクールの講師

BtoCのみの販路で仕組みも持っていない場合、自分に何かあると販路が断たれてしまいます。BtoBを考える際には、クライアント様に迷惑をかけないよう、この優先順位を間違えず整えていく必要があります。

有事に目の当たりにした販路分けの大切さ

■5つの販路の戦略

世界の経済を止めた2020年のコロナウイルス感染症拡大。これによって多くの事業者が傷を負いました。平時のときでもリスクヘッジは当たり前のように行ってきているだろう企業でさえも、八方塞がりのように見えましたよね。

私の会社も、もちろんあおりを受け、多くのイベントや研修がキャンセルになり、見込んでいた売上は全く見えない状態でした。今年は泣いても仕方がない、でも、このままイベントも研修もなくなってしまったらどうしよう、そんな見えない先の不安も重なっていきました。

他の企業を見てみると、テイクアウトへのシフト、店頭の商品を冷凍調理で自宅食に、ホテルを住居に、ウイルス対策として全く別の事業を始めた企業、様々な急な方向転換等で必死で戦っていました。

そこで見えたのが、平時での販路分けと商品の形の多様さの大切さでした。幸い、私の会社は、最終的に過去最高の売上を上げる結果となりました。それは、「5つ以上の販路を創っていた」からです。

大手企業ですと、別事業でリスクヘッジも可能ですが、前章でお話したように、コンパクト経営では、まずは1つの商材の販路を増やすことと、商材の形を変え多様な販売方法をしていくことが、現実的に無駄がなく、リスクも少ない方法だと考えています。

先ほど挙げたBtoBとBtoCをまとめたのが、次の5つの販路です。

① ショッピングモールや公共施設様
② アパレル関係企業様
③ 病院、施設オーナー様
④ その他の企業様
⑤ 個人のお客様

これらの販路は、14年かけてつくってきたものです。私のような技術の商品だけがこの形を取れるわけではなく、例えばラーメン屋さんなら、店頭でお客様へ提供＋出前＋カップラーメン監修＋ネット販売＋スープコンサルタント＋ラーメン道場＋ビジネス街への移動販売＋チャーシュー単品販売＋冷凍ラーメン販売＋冷めない器開発販売等！　商品を単品化したり、形を変えたり、知識を

ずつ変えていくと自然と販路が変わってきますよね。

この5つの販路が危機的状況に至っても、ご依頼をいただけ、支えていただきました。

コンパクト経営の中でBtoC＋BtoBの両輪を稼働させ、維持していくことは、少し仕事量としては多くなりますが、2020年の危機を見たとき、個人、法人を問わず販路分けの大切さを身に染みて感じたのです。

BtoC＋BtoB＝100！　有事の際はもちろん、平時のときからこの戦略を立てていくことが必須だと感じています。

苦手なことは後回しでOK！

■商品の個性と自分の性格で優先順位を決めよう

販路をつくっていくには、もちろん段階があります。1つひとつなのか、2つ一気なのか等も、人それぞれ違うと思います。

とっても可愛くて食べるのに躊躇するアイシングクッキー作家さんを例に挙げましょう。
① まずは、個人向け販売＋イベント販売＋ネット販売。これは一気につくれる販路ですよね。
② 教室開講で次の販路
③ 大量生産の仕組みをつくり、店頭への卸でBtoB販路

④　企業とのオリジナル記念品タイアップ
⑤　卒業記念品など学生向け商品専門サイト

こんな流れをつくれば、同じ商品で販路を少しずつ変えていけます。これは、初めから大量生産できる仕組みを持っている方なら、⑤から始めてもよいでしょうし、教える力が初めからある方は、①と②を同時に始めることもできると思います。

先ほど例に出させていただいたラーメン屋さんは、BtoC で評判になってから BtoB という流れが一般的だと思います。

私は、起業当初は個人のお客様のコンサルティングを行いながらも、先を見据えてやりたかったことはスクール事業でした。しかし、スクールで教えるとなると、相当な技術と教えるノウハウが必要になりますので、最後に取り組むことになったというのが流れです。

皆様の商品の個性はどちら向きですか？　そして、得意な方法はどちらでしょうか？

BtoC に苦手意識を抱えていた理由に、自分らしい SNS 発信ができなかったことをお話ししましたが、それに加え、私にはマメさがないので（笑）、コツコツ SNS を行うことに自信喪失するほど苦手意識があったのです。

ということで、販路の増やし方は、自分の得意なほうから段階を踏むことをおすすめします！

昨今の SNS の発達で、BtoC 販路が創りやすく、BtoC で十分自立できる方も多くおられます。その方は、BtoB を後に見据えて段階を踏んでいければよいでしょうし、BtoB にまだチャレンジできなさそうという方は、まずはBtoCをやり切りましょう！　まずは一番得意なことから始めてみて！

持たない経営でビジネスを加速する

起業して14年になりますが、夢だった事務所を持ち、スタッフを持ち、自分の憧れを形にしてきました。皆さんは、それぞれ夢があると思いますので、それはぜひ叶えていただきたいですが、できるだけ、軌道に乗るまではもちろん、乗ってからも「持たない」ことを今の私はおすすめします。時代の変化はとても激しく、軽やかに乗り越えていくには、極力持たないことを意識し、「加速する」ことを優先する必要があると感じています。

物、場所、人を極力持たないことです。

２０２０年の1年は、その加速の大切さを誰もが感じた年でした。私も、早々にウエブでのレッスン、コンサルティングに切り替え、そのプログラムを加速して作成、それと同時に2年後を見据えて、新しい商品の開発と怒涛の1年でした。

それは、ものをできる限り持たなかったからこそ、資金を廻せた結果です。そして、私流コンパクト経営をつくって来ていたからこそ、痛みもなく乗り越えることができました。それほどの有事ではなくとも、これからの時代の流れの速さに取り残されないようにするには、大事な考え方だと思います。

事業計画は必要か

よく起業初期には事業計画をつくろうというコンサルティングされますが、私はつくっていません（笑）。しかし、「こうなりたい」はあったので、目標売上と、この企業さんとお仕事をするとだけ書きました。計画を立てて進めるほど悠長にしてられませんでしたし、売上目標などどこまでもやりたいのですから、目標など立てなくともやるしと言った感じでした。それに、計画を立ててその目標に辿り着く当てもない現実に向き合いたくなかったというのも大いにありました。

起業当初は、３万円から始まり、自立までは程遠い売上でしたから。「あの年商１，０００万円の発明のおばちゃん！」へ、そこまでは何としてでも行くという想いがあったので、計画等がなくても頑張れました。もっとも、数人で起業する場合は、目指すところを共有するために、計画は必要かと思いますが、私自身の１人起業には不要と思っていました。

それでも、計画を立てて行うことがセオリーなのかもしれませんが、スタートアップの時期は大枠の目標に向かって、髪の毛を振り乱しがむしゃらに進むことが大事だと思うのです。融資を受ける方でなければ、細かな事業計画を立てるより、土台づくりにまずは奮闘することをおすすめします。

成長期や発展期には計画をしっかり立てることになりますが、今から営業を頑張りたいと読んでくださっている皆様は、まず突進あるのみです。そのために、商品を求められる形につくり直し、求められる形をつくり、戦略を練りましょう！

■計画より大切な選択

自分流コンパクト経営とは、自分がどう生きて行きたいかと密接に関わっています。だからこそ、私は自分のこれがいい！　を叶えるために私なりに考えてきました。自分がどんな生き方をしたいのか、何を大切にし、何を手放すのか。もしくは何も手放さないのか。先に記したように、私は自分の技術でただ喜んでもらいたい、その気持ちで今の仕事に就いたのです。

そして、仕事もしたいけれど、家族との時間も大切にしたい。私の家庭では、父親は朝出かけ、夜遅く帰って来ることができますが、私はそういうわけにいきません。8年間事務所に通いましたが、今となれば事務所に行くよりも、自宅で作業をしながら平行して洗濯をしたり夕食をつくったりするほうが効率的です。夜には子供と食事をし、ゲームをして寝るという生活がしたいのです。

さらに、私は、技術者として職人として成長し、弟子を創り、繋げていきたい。それはどうすれば叶うかという逆算から望む形を創ってきました。すべて自分が選ぶことが大切だと思うのです。

一般的なこうあるべきというコンサルティングを受け、事業計画を立てると、どこかでつまづくかもしれません。これは男性でも女性でも同じことだと思うのです。自分のWANTを大切にし、そのWANTを叶えるための事業計画を立てることをおすすめします。「これがいい！」と望むことは自由ですし、せっかく起業したんですから、自分の思うようにしてよいのだと思うのです。

第4章　小さな会社の商品は〝4方よし〟以上が鉄則！

〝3方よし〟では未完成

私は、先に挙げた【1点の曇りもない商品】にすることが幸せな営業になる最大条件と考えています。BtoC＋BtoB＝100戦略に向かうため、私の商材がよりよい場所で、より社会に求められるようになる商品につくり替えていく必要がありました。そうすることで、営業がしやすくなり、感謝され、幸せな営業になっていったのです。

商品づくりの考え方とどのように商品を創っていったかを、営業のノウハウの前にお話しします。起業当初から、世間に私の商品を知られていない以上、自分から紹介しなくては待っていても仕事はできないと思ったことから、営業に行くようになったとお話ししました。

ここにあったら絶対よいと思うところ、至るところに営業に行き、そしてすべてのところが話を聞いてくださいました。美容室、ホテル、住宅展示場、紳士服大手、眼鏡ショップ大手、住宅会社、エクステリア会社、インテリア会社、訪問したお客様と順調にお仕事をいただけました。

ですが、その最中、ずっとすっきり晴れない思いがあったのです。それが、先に挙げた「もっと」です。もっと必要とされることじゃないと真に私の仕事は求められないと思ったのです。

誤解のないようにお伝えしたいのですが、正しく言うと、私の仕事は間違いなく世の中に求められるのです。実際、先ほど挙げたように、求められましたし、同業他社も沢山あり、業界として成り立っています。

私が求められないと感じるのは、パズルのピースのように完璧にドンピシャに最大効果で私が仕事をしたいからだと思うのです。

色という仕事は、人によっては占いと取る方や、ふんわりしたもの、ラッキーカラーなどと取られ、ビジネスと結びつかない性質を多く含んでいるものだと感じていました。特に、相手がデータがすべての理系脳の方だと、よさをわかってもらいにくい。付加価値が伝わりにくいことにもどかしさを感じていたのです。

そんな方にも納得してもらえるビジネスモデルをと思うことから、「もっと」が出てきたのです。これは、私の性格ですし、同業の方でこの考えではない方も沢山います。完璧主義な私の思考の癖だと思うのです。

そこで、これまでお仕事をいただけて、でも、その最中にもすっきりしない思いを分析してみると、それは「3方よし」の効果範囲だったのです。3方よしとは、周囲のどの者にもよいということの例えの言葉ですが、この数字をそのままの数字だと見てみると、私には3方よし止まりがもやもやした原因だったとわかりました。どういうことかと言うと、4方向の立場の方に、もしくはそれ以上の方向にメリットがあるレベルじゃないと私のもやもやは消えないということです。欲張りも甚だしいのですが……。

そして、今の2本柱、ショッピングモールでのイベントと研修に辿り着き、お仕事をいただけるように動き、今では5方よしが叶っています。5方向の立場の方へのメリットとは、モールディベロッパー様もよい、テナント様もよい、お客様もよい、自社もよい、生徒さんもよいという5方向です。

この5方よしが叶った商品が、3方向止まりだった商品に比べ、もたらしてくれたものは、リピート商品になった、紹介していただける商品になったということです。私がもやもやした原因は、ご依頼をいただいても2回目に繋がらないという焦りでした。そこが「もっと」を追求した理由でした。

私のような小さな会社が世の中に必要とされるには、欲張って〝4方よし〟以上の商品を創ることが、社会で重宝され、必要とされるスピードが速まるのではないかと思うのです。

私が創ってきた流れを順にお話していきます。よかったら皆様も1度欲張って4方よし以上の商品を創ってみませんか？　この4方よし以上の商品を、私のスクールでは4↓WINWIN商品と書いて、フォーウインウインと呼んでいます。

あなたの商品は何？

私の技術は、人の似合う色を分析できる技術です。そして、その技術を使って、お客様に感動と驚きを感じてもらい、新しい自分を知り、自分の可能性を感じられ、自信を持ってもらうこと、楽しんでお洒落をしてもらうこと、ワクワクしたお買物ができることを叶えていくのが仕事です。

私の商品は、〝似合う色を診断する体験を通して、感動と新しい自分発見の喜びを感じてもらう体験型カラー診断イベントという商品です〟。これが世の中にあればよいなと思い、私がつくった商品です。あなたの商品は何でしょうか。

似合う色を分析できる技術は商材。その商材を使って、お客様に様々なサービスをすることが私の仕事。そして、カラー診断イベントがショッピングモール様への商品という風に整理してみてください。商品はクライアント様によって違うかもしれませんよね。

ここで大事なのは、「○○を通して○○を感じて貰う○○という商品です」と考えることです。

例えば、ネイリストの方ならネイルと答えて欲しいのではなく、「ネイルの施術を通して毎日をハッピーに送ってもらう豊かな時間が商品です」なのか、「ネイルの技術を通して女子力を高めてもらう女子力注入サービスが商品です」等、皆様が自分の商材を通して、お客様に何を感じてもらう何が商品なのか考えてもらいたいのです。

なぜ、ここが大切かと言うと、豊かな時間が商品なのであれば、企業にお勤めの女性たちに福利厚生で気持ちが豊かになってもらう時間を提供しましょうと福利厚生を扱う人事部で求められるかもしれませんが、女子力注入サービスが商品では、福利厚生より地域の婚活応援プロジェクトでの特典など、市役所等への提案が受け入れられやすいかもしれない等、同じ商材でも求められる形が違うからです。

図表４に従って自分の商品を考えてみてください。

【図表4　商品の考え方】

主に行っていること	似合う色を分析する技術を提供している
【仕事意図】 そのことで感じてもらいたいこと	自分っていいんだ！ 新しい自分に感動！
【仕事内容】 ○○を通して○○を感じてもらうのが仕事です	仕事❶　その技術を使って、お客様に感動と驚きを感じてもらい、新しい自分を知り、自分の可能性を感じられ、自信を持ってもらうこと、楽しんでお洒落をしてもらうこと、ワクワクしたお買物ができることを叶えていくことが仕事です。 仕事❷　その技術を使って、お客様に感動と驚きを感じてもらい、自分の可能性を感じられ、自信を持って豊かに生きるサポートをすることが仕事です。
【商品名】 ○○を通して○○を感じてもらえる○○	仕事❶の商品　似合う色を診断する体験を通して、感動と新しい自分発見の喜びを感じてもらう体験型カラー診断イベント 仕事❷の商品　似合う色を診断する体験を通して、自分っていいんだ！　と自信がつくマンツーマンコンサルティング

あなたの商品が役に立つ場を50個考えてみよう

私の商品が社会のどこに行けば役立つのかをとにかく挙げてみました。思いつくすべてのところを挙げていきます。

私は、インテリアコーディネーターでもあるので、先ほどのイベントの他にも商品がありました。それを含め、ありとあらゆる種類の企業さんを挙げてみたのです。美容室、ホテル、住宅展示場、紳士服有名店、眼鏡ショップ大手、住宅会社、エクステリア会社、インテリア会社他諸々。「ここは無理かな？」等は考えずに挙げていきました。あなたの商品も沢山あるはずです。思いつく場所を挙げてみてください。

先ほどのネイリストさんの例で続けると、２つの商品それぞれに考えます。

例えば、「ネイルの施術を通して毎日をハッピーに送ってもらう豊かな時間が商品」であれば、会社の福利厚生やマッサージ店とのコラボ、ホテルのブース出展などが考えられますし、ホテルのブース出展とともに、ホテルスタッフへの施術サービス提供など、同じ場所でも2方向考えられることもあります。

「ネイルの技術を通して女子力を高めてもらう女子力注入サービスが商品」だと、女子力アップセミナーとのタイアップや婚活パーティー前サービス、就活生への身だしなみセミナー等、併せると沢山挙げられます。そのように頭を絞って皆様も50個を目標に挙げてみてください。

勝てる商品は4→WINWIN（"4方よし"以上！）

■3方よしは当たり前！　小さな会社はその上を行こう！

私が4→WINWINに辿り着いたお話をしましたが、基本は3方よしで成り立つのです。私が美容院に営業に行くのは3方よしです。お客様が喜んでくれる、売上の一部が入ってくる、似合うヘアカラーがわかるというオーナー様のよし、お客様ももちろんよし。そして、自社もよし。まずは、この3方よしでビジネスは考えますし、皆様もその形はできているのではないでしょうか。

ここでは、そこからもう1つ進化して、4→WINWINにつくり替えていきたいのです。商品によっては、5方、6方、いくらでも増えるのではないかと思っています。図表5をベースに考えてみてください。

もしできるようなら、もちろん、そこまで進化させて欲しいです。オセロや将棋のように！こちらからも、こうこられても、ここを塞がれても勝てる！という戦略が「もっと＝4→WINWIN」です。

ネイルを続けて例に出すと、「ネイルの施術を通して毎日をハッピーに送ってもらう豊かな時間が商品」をどこに提供するか、その先に何方よしが叶うのかを考えていきます。

【図表５　Ｗｉｎの考え方】

【商品】ネイルの施術を通して毎日をハッピーに送ってもらう豊かな時間		提供先	1 Win	2 Win	3 Win	4 Win	5 Win	6 Win
	A	サロンワーク	個人のお客様	サロン				
	B	企業の福利厚生	従業員	企業	サロン			
	C	企業内保育園運営会社	従業員	企業	運営会社	サロン		
	D						生徒さん	
	E	療養型病院内ビューティーサロン	患者様	患者様ご家族	看護師	病院	サロン	生徒さん

図表5のAの場合は2方よしですよね。BtoC の場合はこの形になります。

Bの場合は、BtoBが叶い、3方よしになります。会社は、従業員の女性が気持ちいい時間を過ごせ、ハッピーになってくれ、また仕事を頑張ってくれると嬉しい。従業員も、割安で、移動もなく施術を受けられ、リラックスの時間を持てる。そして、また1か月頑張る気力を養える。もちろん、サロンもよしということになります。

ですが、この3方よしは当たり前として、4方よしを考えていきます。

Cの企業内保育園に提案を持って行くとしましょう。子供を預けている従業員は、そのまま子供を預けながら施術を受けられる。子供を預けていないスタッフも、予約が取れるシステムにすることで多くの女性スタッフに提供できる。会社は、女性従業員によりメリットがあることを企画してくれたことにメリット。保育園運営会社は、企業への付加価値提供、利益としてメリット。サロンは、もちろんメリットと、ここで4方よしが叶います。

もし、ネイルサロンがスクールを運営し、卒業した生徒さんにこの場所での仕事を提供したならば、Dの5方よしが叶います。

Eでは、ハンドマッサージや匂わないネイルの提供等の工夫で、療養型病院内ビューティーサロンを開いたとして。6方よしが叶います。

技術ではなく、物販においても図表6のように考えていけば、4→WINWIN を目指すことができます。

【図表６　物版でのＷｉｎの考え方】

【商品】		提供先	1 Win	2 Win	3 Win	4 Win	5 Win	6 Win
幸せになるアイシングクッキー	A	自店	個人のお客様	自店				
	B	総合スーパーへ卸	個人のお客様	スーパー	自店			
	C	保険会社	会社	営業マン	保険会社顧客	自店		
	D	住宅展示場運営会社	運営会社	展示会社	お客様	自店		
	E						生徒さん	

図表6のAは、BtoCですね。ネット販売も同じです。

Bでは、BtoBの3方よしとなります。

Cは、保険営業マンのオリジナルクッキーをつくって差し上げ、顔を覚えてもらう、インパクトを持ってもらうということが叶い、営業マンもメリットということで4↓WINWINになります。

Dは、住宅展示場運営会社さんは展示協力企業さんから喜ばれる、そして生徒さんの活躍の場になるならEの5WINWINになります。

あなたの商品で4↓WINWINになるまで考えてみてください。

4↓WINWINから絞り込んでいこう

「3方よしでも基本は成り立つ」とお話をしました。充分に社会の役に立ちますし、お仕事もいただいてきました。

しかし、私の色という仕事の特徴である〝物がない事業〟では、そのモデルに常に危うさを感じながらいたのも事実でした。お客様の方針転換で必要なくなる、予算がないときには必要とされない、継続しないという危うさです。

私は、クライアント様の身の一部として必要とされる仕事がしたかったのです。例え経営者が変わり方針が変わろうとも、予算がなくとも、これは必要と思われる商品を創りたかったのです。

それは、商品が悪いのでもなく、採用しないお客様が無知なのでもなく、私が提案する先を見間違わないということが大切だと感じ、考えました。それにより、4↓WINWINが叶う自分の商品が一番生きる場所の条件が2つ見えてきました。

それは、次の2つです。

①〈クライアントが一番成し遂げたいことにこの商品が叶うか〉

一番ということが大事です。

例えば、たこ焼き屋さんに、お客様のファンづくりのためにこのアプリを導入しませんかとすめるのも一見大事に感じますし、大手なら投資ができるかもしれません。ただ、お客様のファンづくりは大事だけれども、一番はそこではないかもしれません。絶対ロスが出ない、お客様を待たせない高速鉄板を営業に行くとしたらどうでしょう。話を聞いてくれる気がしませんか。大事なんだけど一番じゃない、そんな商品はもちろん多いです。ですが、どこかにそれが一番大事な企業があるということだと思ったのです。

私が、お仕事はいただけたけども「もっと」に悩んだ理由は、継続していかないという現実を見続けていたからです。それは、多分、この「一番」ではなかったから…。というのも1つの理由なんだろうと考えたのです。

そこから、どのお客様の一番成し遂げたいことに私の商品は叶うのだろうと考え続けました。

②〈お客様が2方向にいるクライアントを探す〉

これに関しては、4↓WINWINを考えると自然に見つかります。先ほどのたこ焼き屋さんで言うと、たこ焼き屋さんにとってお客様は1方向です。地域の住人、道を歩く人達。しかし、食フェスタ運営会社さんで言うと、登録店舗さんと一般のお客様の2方向にお客様がいます。たこ焼き屋さんが1方向のお客様のためにされるサービスや品質改善と、食フェスタ運営会社さんが2方向に向けて行うサービス、品質改善では内容も方向性も全く違います。

食フェスタ運営会社さんは、登録店舗への安心感と一般のお客様の集客が重要な仕事なので、先ほどのアプリの導入はこちらでは必要としてくれるかもしれません。もちろん、予算も違ってきます。

私がもやもやしていた1つには、この方向の数字が1なのか2なのかが継続に至らなかったのが理由だと考えたのです。

自分の商品がここに役立つんじゃないか、ここで役立てたいと50個以上挙げた中から、4↓WINWINになる商品につくり替え、この2つの視点から絞って行ったのです。

■ BtoB＝短期回転型モデル＋長期継続型モデル

この4↓WINWINの中にも2つのモデルがあります。短期回転型モデルと長期継続型モデルです。短期回転型モデルは、1年に数回しかオーダーが見込めない形、単発ビジネス。長期継続型モデルは、1年間継続してオーダーをいただける、売上が見込める長期ビジネスのことを指します。

アイシングクッキーの例で考えると、次のとおりです。

●短期回転型モデル

図表６のＤのプロモーション商品は、毎月発注が来るわけではありません。趣向を凝らした諸種とりどりの景品を差し上げることがユーザーを飽きさせないポイントです。毎月アイシングクッキーを景品にするということはないでしょう。したがって、この4↓WINWIN商品は、短期回転型モデルになります。

●長期継続型モデル

図表６のＣの保険会社さんへの提供では、1年を通してその会社さんから依頼をいただくことができる契約が可能で、継続した受注が見込めます。これが長期継続型モデルです。

私自身も、イベントや研修という短期回転型モデルと、販売スタッフのスタッフ教育トレーナーというお仕事で、企業様の顧問という形の長期継続型モデルの両輪で廻しています。

イベントや研修は、全国のショッピングモールさん、駅ビル、ファッションビルがお客様なので、短期回転が連続し、1年を通して違うクライアントさんから受注がくるため、最終、長期継続型モデルが叶います。サーカス団のように全国を廻っていきます。

この2つをまずは両輪で廻していくことを考え、営業をスタートします。実績ができ、喜んでいただけている事実を確認できたら、同じ種類の訪問先をどんどん増やしてくのです。

このように小さな会社は、自社の得意な市場を絞っていくことで、短期回転型が長期継続型となり、安定した売上が可能になります。BtoC ＋ BtoB ＝ 100 に合わせて、BtoB ＝短期回転型モデル＋長期継続型モデルという考え方をしてみてください。

4→WINWINが叶う場に絞って創作していこう

4→WINWIN が叶う場所が見つかったら、次に「最大の想定」で商品を創作していきます。

《1日のサービス提供人数・個数》

BtoB になると通常の時間や量では話になりません。どれだけのボリュームで対応するのか、想定して決めなくてはなりません。その際、パターンを数個用意し、値段の上下でプランを選べるようにしておくと、多様なお客様に対応できて後々スムーズです。

《サービス内容》

時間、対応人数、費用対効果をすべてを考慮して内容を考えます。

例えば全国展開の店舗に卸す企画の場合でも、地域限定での提案でも可能です。今の状態では全国は無理だし。と躊躇する方が多いのですが、この店舗だけで始めるだとか、近畿圏の店舗だけでやってみる等、相談の中で可能性を探っていくこともできます。

《常時開設 OR 定期開設》

常設できるのか、単発なのかを決めます。4方よし以上ということは、自社もよくなければ、当たり前ですが続きませんよね。なので、まずは、定期開催から行う。まずは、この時間帯だけ等、段階を追うことや、ここは要相談ということもありなのです。

《オープン時間》

時間を決める必要がある商品はこれも決めます。

《値段》

最大の想定をして決めます。変動する可能性のある交通費や諸経費は別途としておきます。

4→WINWINが叶う場に絞って想像していこう

次に、その企画に肉づけをしていきましょう。オーナーや担当の方の気持ちになってみます。想像するポイントは、図表7の3つ。図表8は、アイシングクッキーを住宅展示場運営会社に見ていただくときの肉づけです。

【図表７　想像の考え方】

どんなことをするとより喜んでくれるのか	対企業	企業のイメージアップ、２方向すべてのお客様に満足いただけることの提供、企業の売上への貢献
	対担当者	上司や同僚に伝わりやすい視覚媒体、応答の速さ、担当の方がやりたいことが網羅できていること、成果に繋がること
どんなことをすると助かると思ってくれるのか	対企業	情報発信、顧客誘導
	対担当者	雑多な作業、手を加えなくてもいい状態の書類持準備、報告書作成
想像もつかない提案		こんなこともしてくれるんだ！　それはナイス！　という内容

【図表８　アイシングクッキーでの工夫例】

どんなことをするとより喜んでくれるのか	対企業	展示場のロゴをクッキーに入れ、イメージアップ
	対担当者	そのまま上司に渡し、決裁が取れるまでの資料作成、クッキーの袋に各展示住宅の写真を載せてＰＲ
どんなことをすると助かると思ってくれるのか	対企業	自身の SNS 配信で展示場へお客様の誘導、子育て応援として子供が体験できる他の企画も持ち込み、家族を誘導
	対担当者	クッキーの分配納品、割れない工夫、チラシ制作、展示住宅会社との打合せ
想像もつかない提案		スタッフへの試食提供

この肉づけを私はとても大事にしています。これは、BtoCでもBtoBでも全く変わらない考えですよね。サービスの中で増えていくものですし、もしコストがかかることであれば、別料金でいただくことになります。ただ、私は、こんなことがあったら4方ともに喜んでくれるんじゃないかなと考えられることは２００％行います。

4→WINWINが叶う場に絞って準備していこう

4→WINWINが叶う場所が見つかり、想像を膨らませ、肉づけができたら、次は準備です。

「企画書」「物理的に必要な物」「人員」「オペレーション」を1つずつ準備していきます。

■企画書づくりは様々なタイプの方に伝わることを意識する

営業に行くとなったら、「さて、企画書が必要」と頭を悩まされる方も多いですね。企画書の書き方は、インターネットで様々な情報がありますので、ここでは割愛しますが、私自身が意識しているのは、様々なタイプの方が見てくださることを意識して書くということです。

私の商品が「色」という漠然とした物を商材としていますので、実際どんなメリットがあるのか即座にわかってくださらない方もいらっしゃいます。

・すぐにイメージが湧き、私と同じ感覚で「これは絶対いいよね」と言ってくださる方にはそもそも企画書は不要なのですが、上司の方に伝えてくださる際、説明しやすいような企画書にします。

・難しい顔をして、「それでどのくらい費用対効果があるの?」と言われる方には、数字をきちんと盛り込み、これまでの事例、分析を多く挿入します。

・「そんなに女性は好きなんですね?」とイメージが湧かず半信半疑の方には、背景のSNSや雑誌等の情報を添付します。

このようにあらゆる想像を張り巡らせると、必然的に盛り込む内容はすべてを網羅できるようになっているはずです。皆様の商品を見て、どんな反応が起こりそうですか。想像して書き出してみてください。そして、その方にわかりやすく見てもらうには何を盛り込めばよいかを考えていきます。

■物理的に必要な物と人員の準備

最大の想定をして商品を創作していくと考えると、必要な物の数、どれだけの人数にお手伝いしてもらうかが見えてきます。もちろん、この時点では、未だお仕事がいただけていない状態かもしれませんので、先立って購入することはできないかもしれませんが、常にアンテナを張って、少しずつ揃えていきます。

ネイルなら器材を増やすことになりますし、クッキーなら大量生産のために機械がもう1つ必要かもしれません。その最大規模を想定しておくことで、見積りの計算の際、役立つことになります。

物の準備は、ある意味簡単です。大事なのは、人員の準備です。起業初期の現実として、「ワンオペ one operation」を1人ですべてこなすことがついて回りますよね。極力持たないようにするメリットもお話したとおりです。

真逆のことを言うようですが、BtoBでは1人ではできないことが出てきます。そして、最大の想定には、リスクマネジメントを考えても人を備えておくことは必要になります。

研修講師でも、もっと満足度を高めようと思うとアシスタントがいたほうがいい。どんな商品を扱っている方でも、営業に行く段階で、最大の想定をし、そこに必要な人数のパートナーを創っておく必要があると思います。

もちろん、最初から人を常時雇用できる方は不要ですが、多くの起業家がそれができるわけではありません。そして、常時雇用がベストかどうかも、自分の働き方によってはそれぞれ違ってくるでしょう。

そこで、私が取った方法が、パートナーを探すという方法でした。

私が講師のときはアシスタント、イベントの際はスタッフ6名のパートナーと一緒に行います。全国展開を想定すると、そのスタッフたちも全国津々浦々に必要になります。その上、技術職なので、アルバイトを募集してというわけにはいかないのです。

そんな背景の中で、私のパートナーのつくり方は、次の4つです。

・学んだ同期

・紹介
・同業者をナンパ（笑）
・スクールの生徒さん

同業者をナンパして回りました。古いやり方ですが、現在もその方法は進行中です。
皆さん、急にナンパされて驚かれたと思いますが、今や頼りになる仲間！　花キューピットさんやアスクルさんが私のビジネスのスタイルと同じです。この2社さんも、地道に足を運び、システムを見ていただき、参画商店さんを集めていったことと思います。

なぜ、最大の想定をして準備する必要があるのかというと、自社の地域での仕事と遠方での仕事では、人件費も、経費も違うものになってくるからです。最初からその想定での価格設定をすることが、後々大事になって来ます。今ではなく、先の想定は、人の問題だけではなく、そういった金額の問題も関わってくるためなのです。

ちなみに、私のパートナーへの考え方は、

・お客様に素敵な接客をしてくださる方
・お客様に矢印を向けてくださる方

の2つがある方とパートナーになりたいということです。

パートナーとともにお仕事をしていくとき、こちら側の理念や目指すもの、大事にしたいことを伝え、共有していただくことがとても大事だと思っています。それに共感してくださる方とお仕事をすることがお互いの幸せですよね。

花キューピットさんやアスクルさんを見ても、パートナーをつくることで自分1人では叶わない、大きなプロジェクトも可能になることがわかります。そして、2社に関わるすべての提携店舗、双方WINWINなのがわかります。

「1人ではこのくらしかできない」ではなく、「こんなことをやるためには何人いれば叶うか」と逆算でチャレンジしてみてください！

値段設定の決め方

■４↓WINWINを考えることで相場がなくなる

ほとんどの生徒さんから質問が来るのが、この「値段設定」です。私自身、周りに聞ける方もいなかったですし、他社があまりなかったということもあり、相場が全くわかりませんでした。商品が企画という分野だったこともあり、私自身がつくったものなので、相場自体がない。

その点は、逆に功を奏し、値切られることもありません。今までにお話した4↓WINWINを考えるということは、ここに繋がります。クリエイティブなものであれ、物がある事業であれ、4↓WINWINを考えるとき、そもそもの形を少しずつ変え、付加価値が多方面についていることに結果としてなります。そして、オリジナル性が出る商品となり、世の中の相場が当てはまらなくなります。

「4→WINWIN」にすることで、「それでも欲しい」と思われる商品になるのだと思うのです。

■ウルトラマンに教えてもらった値段設定の方法

値段設定の方法は、次のようにいろいろあります。
・同業他社に合わせる……相場がわかっている場合、そこに合わせるという方法
・需要で決める……お客様が払ってくれる金額を想定してつける方法
・コストに利益を乗せる……かかる費用に利益をプラスして決める方法
・名声法……高価な商品だとあえて認識させる方法
他にもありますが、大体、値段設定はこの4つから行うことになります。

私自身の決め方は、2番目の「需要で決める」と3番目の「コストに利益を乗せる」という方法の合体版です。

そもそも全く相場がわからないですし、前例もないということで、様々なリサーチをしました。そこで仕入れた情報があのウルトラマン。彼の1体のギャラでした。ショッピングモールによく来るヒーロー1体の値段を聞いたことで、なるほど、そのくらいの相場なんだなと考えたのです。

ウルトラマンを呼ぶことで集まる人数と自分の企画で呼べる人数をざっと比較し、4→WINWINの商品を提供できる範囲の広さの価値を換算しました。また、私の商品は、ほぼ人件

費となります。その人件費は、時代とともに変わってきますし、全国展開を想定した中では遠方でスタッフがいない場合、交通費がかさむことになります。それらのリスクを考えた上で、コストに利益を乗せる方法と2つの考え方で、値段設定をしましたし、変動もしてきました。

1度決めたら上げられないし……と言われる方もいますが、そんなことはありません。改定は、時代とともにあり得ることですし、それでも欲しいと言ってくれる商品であれば受け入れていただけますよね。

同業他社に合わせる方法は、既に開示されているため、わかりやすく設定しやすく、需要で決める方法は、既に情報が入っている場合や、予算感が把握できている場合です。

名声法は、高級化粧品の例のように、内容のレベルを値段で示し、認知させたいときには効果的ですね。

技術や知識が商材である場合、特に4→WINWINを創ることが値段設定で悩む要素を減らしてくれます。私自身も毎回誇りを持ってお見積りが出せるのも、喜んでくれ、メリットのある方の範囲の広さをわかっているからです。

■オリジナル性、付加価値は相場を変える

私が価格設定を考える際、トマトと洗濯機を思い浮かべます。トマトは、甘みの研究、高リコピン、塩トマト等、様々な高付加価値をトマトにつけ、どんどん高級トマトが増えてきました。野菜の中でここまで価値をつけたのは珍しいですよね。果物だとブドウも種なし、皮ごと食べられる等の付加価値をつけてきました。

洗濯機もそうです。二層式洗濯機から、時代とともに進化し、手が出せないほどの値段になっています。洗濯物が絡まないようにしてみたり、肌触りのよい仕上がりにしてみたり。トマトや洗濯機を見る度にどんどん付加価値をつけ、美味しい！　や便利！　を増やすことは、世の中の相場を変えていくと感じます。

4→WINWINを考え、次に肉づけをしていくことが、この付加価値をつけるというところに繋がります。

この2つは、商品のオリジナル性の付加価値ですが、アスクルさんのように、システムのオリジナル性は、また違う価値を生み出しました。文房具や衛生用品等は、もともとあるものですが、便利さという付加価値を加えたシステムで市場を奪っています。これまでにあった商品でも、たとえ後発に始めた事業であれ、可能性があることが、この2つの例を見るとわかります。

■担当者に予算を聞いてもよい

もちろん、最初に決めた値段で提案にお邪魔したときには、この値段が通るのだろうかと不安ではありました。ただ、ここで大切なのが、もし通らなければ、「提案した先の予算に通らなかったのか、すべての提案先で通らないのかを自分で確かめる」ことです。

そもそも、自分の商品がどこに適するのか、どこなら活きるのかを研ぎ澄まし考えると、価格で通らないということが少なくなってきます。それでもわからない、お仕事に繋がらないというときは、営業先の担当の方に聞いてみましょう。

自分が買物に行った際も、店員さんに「ご予算はどのくらいですか」と聞かれたことはないですか。営業も同じく、担当者に聞いてもよいのです。もし、皆さんの商品に興味があれば、教えてくださるかもしれません。「このくらいの値段ならね〜」等と言ってくれるかもしれません。

私たちのような起業家が、営業に向いているポイントの1つが、その場で自身の采配で決定できることです。

したがって、未だ確定した設定ができないという方は、営業先で教えていただいた金額も併せて総合して考え、納得して事業が成り立つ金額に最終決定するという方法でもよいのです。

そう考えると、少し肩の力がほぐれませんか。

実績をつくる大切な逆算！

■最大の想定からの逆算を意識する

4→WINWINの場所を創作し、想像し、準備が終わったら、最大の想定より小さい規模で実践していきます。これが実績をつくる一歩です。

既にこれまでも実践をし、経験を積んでいると思います。ここでいう実践とは、最大の想定で創った4→WINWINの事業規模を小さくして実践していくということです。例えば、講師としてやっていきたい。その最大の想定が１００人の受講生ということになれば、まずは20人でやってみます。そうすると、時間配分、資料の量、自分の話し方の癖、アシスタントの要不要等、様々なことが見えてきます。

例えば、アイシングクッキー作家さん。最大の想定が企業のプロモーション配布用だとすると、まずは学校の卒業記念品で受注を受けてみます。そうすると、保管場所、人員数、生産性等、様々な改善点が見えてきます。

そこで、もう1つ大切なのが、その際の売上分析、お客様・受講生の反応、効果検証を都度行い、営業に行った際、企画書や話に加えられるように積み重ねておくことです。

これは当たり前のことなのですが、最大の想定から逆算して行っていることを意識して実施、検証をしていくことで、漏れがなくなり、得たかった経験やデータを積み重ねられることに繋がります。

実績がないと営業に行けない？

「実績がないから…」――生徒さんからの声で多いのもこの不安です。私も、営業に行く前にはこの実績を一番に考えました。

名も知らない会社のどんなものかもわからない商品を認めてくれる企業さんはあるのだろうか、門前払いされないだろうかと。でも、皆さん、考えてみてください。名も知らない、誰も知らない物凄く美味しいチョコレートを紹介されたら、「これは売れる！」と思い、今度、誰も知らないことが価値になります。

有名ではない占い師さんに占ってもらって、驚くほど当たってたら、その占い師さんを友人に紹介したくなります。そんな風に、実績がなくとも、目の前の方がこれはよいと感じてくれれば、そこから実績が創られていくのだと私は体感しました。

もちろん、前項でお話したように縮小規模で実践を積み重ね、小さな実績は創りますし、そこでのデータはしっかり集めていきます。最大の想定が叶う企業さんに営業に行く頃には、それらのデータを持ち合わせた上で、「御社ならこの効果がより発揮されることと思います」と自信を持った状態でご紹介しに伺える状態にすることは必須です。

私の一番最初の最大の想定規模への営業では、「未だこのような場所での実績はありません」と正直に話すところからスタートしました。自信が持てる商品になれれば、試していただく気持ちで臨むことでよいのではないでしょうか。

うちの商品をどうぞご覧ください。いかがでしょうか。御社のお役に立てますかというのが営業だと思うのです。

実践→修正、改善→実践のスピードが自信に繋がる！

実績がなくとも、営業に伺える状態にするために、小規模で実践し、修正点に気づいたり、アンケート結果を取り入れる等の改善を積み重ねていくことが何より大切です。それが、先に挙げた、1点の曇りもない商品にすることに大きく繋がってきます。

これは、ビジネス用語で「PDCAを回す」と言われることです。PLANを立てて、DO実践してみて、Check修正して、Actionまた行動する。そのスピードを加速させる。ビジネスでは当たり前のことですが、私がなぜ大切かと言うと、その繰返しの行動が自身の確固たる自信となり、営業先でその自信が伝わることになるからです。

と言う私は、起業当初の受講生アンケートを見ることができませんでした。怖くて怖くて逃げたかった頃があります。それでも、このPDCAを回し、少しずつアンケートを見る速さが早まり、今では楽しみになりました。自分の商品に自信を持つということは、この繰返しなのだと思うのです。

私が仕事を任せたいと思う方は、必ずその裏打ちされた自信があり、話の端々に確固たる事例と、効果を蓄積されてきていることが伝わります。

営業に行くことに不安を持って今読んでくださっている皆様には、まず、この裏打ちされた自信を持ってもらうことができれば幸せな営業がすぐに叶うはずです！

第5章　感謝されてアポが取れる11の大事なこと

皆様の商品が出来上がりましたら、いよいよアポイントメント取りの始まりですね。

自分の立場になってみてください。チラシや電話やSNSで来たアポイントメント依頼で受けた経験はありますか。

私は、アポを受けた経験は数回。銀行のドル建投資でマイナスになったとき。どうしたものかと困っていたときにかかってきた証券会社さんからの電話。予約システムでどれにしようか悩んでいたときにかかってきたシステム会社さんからの電話。どちらも、困っているときや自分の苦手分野のときでした。

そう考えると、誰もがかかってきた営業電話からのアポイントメントを受けた経験があるのではないでしょうか。私の場合、そのどちらもちょうどよかった、お話聞かせてと思うタイミングでの電話でした。

そんな私の体験や私自身が来てくれてありがとうと言われた体験から、感謝されてアポイントメントが取れる考え方や行動を11にまとめました。

アポが取れる理由

起業当初からも、ほとんどのご担当者とアポイントか資料をメールで送るお約束をさせていただけるのは、もう皆様もおわかりのとおり、4↓WINWIN商品ができ、どのクライアント様に行けばよいか、既にお客様の候補は出ているからです。さらに、ご紹介に伺い、やはり私と同じ価値を感じてくれたという実感があるところだけに電話をしているからです。

冬の寒い時期に、屋外でサッカー観戦している方の周りを２５０円のクラムチャウダーを持って販売すれば、きっと飛ぶように売れると思いますが、屋内のバスケット観戦をしている方には確率が下がるでしょうし、２，５００円でも確率は下がると思います。そして、まさか夏の野球観戦の方には全く売れないでしょう。

それと同じで、私は、冬に凍えながらサッカー観戦している方めがけて、美味しくて、値段も予算内で、よいタイミングで声をかけ、夏になるとアイスクリームを持って廻っているからなのです。

私の声に魔法があるわけでも、必殺トークがあるわけでも、何もないのです。

① 商品の特性・自分の個性に合った手段選び

誰も自分の会社の存在を知らず、事業も知らない、何も看板がない状態の現時点で会うお約束をいただくということは、確かに簡単ではないでしょう。しかし、ここまでの章で4→WINWINの商品につくり上げた方は、怖いものはありません。広めていくことが、世の中の方の役に立ち、喜ばれる商品になっているはずだからです。

私は、最初から電話でアポを取らせていただきました。不思議とご対応いただけました。それだけではなく、他にもできることはすべてしました。自分の車を買うときは、ディーラーさんに逆営業しましたし、住宅展示場にお邪魔したときも、運営会社の方に繋いでいただいたり、保険の営業に来られたときに逆営業等々。

その頃から、電話では8割はアポが取れ、メールで詳細を送ってくださいという依頼が後の2割。これが4↓WINWINの商品を創作し、想像し、準備してきた結果でした。とは言え、よいものを創っても、電話が苦手、コミュニケーションが苦手、上手く話せない等、そもそも電話が苦手な方は難しさを感じる方もいらっしゃると思います。

何度も伝えると思いますが、営業にセオリーはありません。アポイントメントを取る方法にもセオリーはないのです。自分にとって、自分の商品の個性によってアポイントメントを取る手段を選ぶことが大切だと思います。

私がなぜ電話にしたかというと、全国で仕事をしたいというのが理想ですから、アポ取りに直接伺うことはできないというのが一番の理由です。

他には、商品の特性上、文字では伝わらないことと、感嘆符が沢山つく自分の表現をそのままで伝えたいと思うと電話になったというわけです。

皆さんは、いかがでしょうか。皆さんの商品の個性を鑑みると何が適切でしょうか。様々な方法を試してみるとよいと思います。

図表9を見ながら何が向いているか考えてみてくださいね。

【図表９　商品の特性・自分の個性に合った手段選び】

方法	向いている人	向いている商品	メリット	デメリット
電話	人から声、話が聞きやすいと言われる人	説明が必要な商品	思いが届きやすい。会話の中で伝わる	接客等忙しい担当の方には迷惑がられる
メール	電話が苦手な人。認知されている会社	商品は問わず	沢山の情報を送ることができる	思いが伝わりにくい。スルーされやすい
SNS	SNS 発信が得意な人	商品は問わず	自身の商品やフォロアー数を見てもらえる	簡単にスルーできてしまう
直接訪問	人とのコミュニケーションが得意な人	商品は問わず	思いが届きやすい。会話の中で伝わる	接客等忙しい担当の方には迷惑がられる
商品サンプルを送る	物販商品がある人	食べ物を除いた小ぶりな商品	気になったら見てもらえる	担当の方の手元に届かない可能性大
商品サンプルを直接持って行く	物販商品がある人	食べ物を除いた小ぶりな商品	思いが届きやすい。顔を見てもらえる	担当の方に会えない可能性大
客として通う	問わない	問わない	思いが届きやすい。顔を見てもらえる	営業トークでかわされる可能性大

② 確率の上がる状況をつくる

見ず知らずの人からお約束をしてくださいと言われるわけですから、警戒はされますよね。そして、その状況がより芳しくない場合、断られる確率は上がってしまいます。いくら凍えながらサッカー観戦をしている方がクラムチャウダーを買うといっても、ゴールチャンスでハラハラドキドキしているときに声をかける等はもってのほかです。また、試合が終わる3分前に声をかけても、「もう帰りますし！」と相手にされません。

したがって、せっかく頑張って行動をしても不必要な要因で失敗に終わってしまうことのないよう、次のようにできる限りの配慮をしたいものです。

《電話の場合》

時間帯を注意します。朝礼をしていそうな時間やお昼前、終業前、店舗なら混雑時を避ける気配りが必要です。

声、話し方はどうでしょうか。知合いに聞いてもらい、聞き取りやすい活舌や、心地よくなる話の流れになっているか練習しておきます。

《メールの場合》

基本的に、私は、おすすめしません。会ったこともない方からメールが届いても、親しみも感じないですし、お願いをされても心は動きません。大企業ならともかく、自社が世の中で知られていないと思われる方は、避けるほうが賢明かと思います。

それでもというときは、誤字脱字をなくす、希望日時の設定を数日ご提案する、自社のホームページURLを載せるなどに気を配ります。

さらに、どの会社にも同じ内容を送るのではなく、その会社に向けた内容を書く配慮をします。

《SNSの場合》

普段の使い方では、馴れ馴れしさ、カジュアルさが出てしまいますので、より丁寧な挨拶文を送ります。ダイレクトに入ることができる反面、企業側は警戒するところでもあります。なぜアポイントメントが取りたいのか、自分の気持ちを添えて送ります。

《直接訪問・直接出向き商品サンプルを渡す場合》

相手の時間を突然いただくのは失礼なので基本はマナー違反となりますが、謙虚な姿勢と気持ちいい態度で違和感なくお話を聞いていただけるよう練習します。

《商品サンプルを送る場合》

デザイン、文字等の見かけを素敵なものにしましょう。手づくり感や素人っぽさをなくします。

《客として通う場合》

客でありながらも謙虚にお話を聞いてもらえるよう、丁寧な言葉遣いと態度を示します。忙しい時間帯を避け、手が空いたと見えたとき、短時間で用件を済ませます。

自分の声がどんな風に聞こえ、初めての相手にどう伝わるのか、自分の態度、表情がどう見えるのか、スクールではそこも徹底的にフィードバックをするのですが、大人になると案外気づかぬ間に声も低くなっていたり、姿勢が悪かったりするものです。皆様も、厳しいことを言ってくれる仲間とチェックする機会をつくってみてはいかがでしょうか。

③　どの部署に連絡を取るかを情報収集する

そもそもアポが取りたくとも、取らせていただく方はどちらにいらっしゃるのか。それすらわからないことが多いですよね。まずは、担当の方はどなたなのか、どの部署に連絡を取ればよいのか、情報収集することが先決です。

《電話の場合》

代表電話で聞きます。会社の代表電話番号はわかる場合が多いです。そちらにかけ、担当の方はどの部署に所属されているのかを伺います。教えてくだされば繋いでいただきます。教えてくださらなければ別の方法を考えます。

《メールや SNS の場合》

お問合せメールを送る等、メールでご提案したい旨を伝え、担当部署を教えていただきましょう。返信がなければ別の方法を考えます。

《直接訪問の場合》

店舗があれば直接伺い、会いたい担当の方にはどの部署に連絡を取ればよいか伺います。知っていれば教えてくださるでしょう。

《商品サンプルを送る場合》

大きな企業では行方が追えず、担当の方に辿り着くのは難しいですが、待ちの体制でオーダーが入るのを待つことになります。

《直接出向き商品サンプルを渡す場合》

担当の方に直接お渡しできれば、後はフォローの電話をすることで繋がります。

《客として通う場合》

話ができる関係の方に繋いでいただきましょう。企業が行っているイベントにお邪魔して伺うこともマナーを守れば可能です。

これらの方法でアポイントメント先の情報を収集していきます。片思いは、少しだけ努力が必要ですね。という私自身、新しい片思い先には、当初も、今も同じ方法で情報を集めています。泥臭いですが基本の作業になります。

そして、その際、端的に自分の商品を伝え、どの部署が適切か想像しやすく伝えることで、ピンポイントに最適な部署を教えてくださることに繋がります。

私の場合は、次のように単刀直入にお願いします。

・「集客イベントのご担当の方はどちらの部署にいらっしゃいますか？」
・「従業員教育をご担当の方はどちらの部署にいらっしゃいますか？」

その際、第4章で考えた自分の商品名を伝えることになります。

アイシングクッキーの作家さんが企業のプロモーションでの配布商品をご提案したい場合だと、商品名はアイシングクッキーではなく「プロモーショングッズ」ですよね。伝え方としては、「プロモーショングッズの選定をご担当されている方はどちらの部署にいらっしゃいますか？」、もしくは広報部だと想像できている場合、「御社のプロモーショングッズにご提案したい商品があるのですが、広報部のご担当でよろしいでしょうか？」という具合です。

今、商品名を端的に言えない方は、第4章に戻って考えてみてください。

④　1日の訪問件数を決める

訪問先と担当の方の部署、連絡先がわかればアポイントメントを取らせていただくのですが、自分の経験を振り返ってみます。

弊社にも沢山の電話やメールが入って来ますが、その中で、定型文を読んでいるかのような電話や、何十件もかけているであろう話し方の方など、電話からはすべて伝わってきます。周囲から他の電話にかけている声が聞こえるアポ取り集団が浮かぶような電話も珍しくありません。

その違和感の本質は、「自分を大切にはされていない」という感覚だと思います。「数うちゃ当たる」と言われているような感覚。これは仕方がないとしても、悟られるようなことでは逆効果です。

そこで、電話を手段とする際、１日の訪問件数を決めることをおすすめします。本当にこの会社さんとお仕事したい。自分の商品を知ってほしいと思いながらかける電話は、とてもパワーがいるものです。１本１本を大切にして欲しいのです。

私は、今でも就職活動のときの電話を思い出します。その企業さんを浮かべて、調べて、ドキドキ緊張しながら１本１本かけていました。今も同じ気持ちで電話に向かいます。

今ならメールも同じです。メールだからこそ、気持ちが伝わりにくいため、その企業さんのこんなことに役立つのではないかと、しっかり調べて、それをメールで伝えていく。その作業は、他からコピーしてできるものではありません。

「いろんな電話がかかってきて、ほぼ迷惑な中で、よく取り次いで貰えて、アポイントメントが取れるね」とに言われますが、この電話やメールに向かう姿勢で大きく変わってくるのだと思っています。

⑤　訪問先の今をよく知る

今の時代は、ホームページを拝見すると訪問先の情報が即座にわかり、何を大事にされているのかの理念、最新に発売されたもの等を知ることができます。提案をする際、商品は同じでも訪問先によって内容、サービスを変えていくことを前提に考えていくと、より興味を持ってくれるアポイントメントになるはずです。

■企業の情報を知ろう

アイシングクッキーを例に挙げてみましょう。

訪問先のコーポレートカラーがロイヤルブルーだったとしましょう。クッキーに濃い青色をつけることで食べ物として少し違和感が沸くことが想像できます。その想像を企画に落とし込み、同じ色に白を多く含め、薄いブルーを面積大きく、文字のみコーポレートカラーにする等の工夫のご提案が電話の時点でできることになります。

また、来年が50周年や100周年等の情報がホームページで見えたとしましょう。来年の周年祭に向けてご提案をさせていただきたい等とお話ができれば、担当者にとっては材料を集めたいという矢印が立っている状態ですから、商品を見せてくださいと言ってくださったり、資料を送ってくださ い等と言ってくださる確率が高くなるかもしれません。

■企業の周辺環境の情報を知ろう

地域のことも含めて知る努力も大切です。私のイベントは、全国で行いますので、地域の行事に絡めた企画を提案することでより想像力を沸かしてくださる会話にすることができます。

例えば、京都のお客様にご連絡をする際、祇園祭の前のイベントで、「お着物や飾りの販促に繋げていくことも可能です」等です。日清さんが、関東と関西のうどんの出汁を変えているカップうどんも同じことですよね。

■前例、既存の情報を知ろう

例えば、私のイベントと同じようなものや似ているものが2か月前に行われていたという情報を知らずに、電話をかけた場合はどうでしょう。

自分が担当者として想像してみてください。既に行ったイベントよりもよいものだとしても、反射的に「結構です」となりませんか？

もちろん、既存で入っている同業の会社さんがあったとしても、聞いていただいて、違いを見てもらい、自社に変更してもらうことも十分あり得ます。ですので、その情報を得たら営業をしないということではありません。知っている上でご提案させていただくということが大切なのです。

私なら、こう伝えます。「2か月前にこのようなイベントをしておられたのを拝見しました！弊社ではありませんがとても嬉しいです。弊社は、そこからこのようなサービスを加え喜んでいただいております。来年の企画の際にでも思い出していただければ幸いです。1度見ていただいてもよろしいでしょうか？」と言った具合です。

第1章で挙げた「矢印の方向を常に正そう」をここでも思い出します。自分の商品を知って欲しいという気持ちは置いておき、相手にとってどんなことが今役に立つか。自分の商品をこう使うと喜んでくれるのではないか。そのためには相手をよく知ることが大切になります。

私たちが受けている迷惑に感じる電話の営業は、こちらに矢印が向いていない電話が多いからなのではないでしょうか。

⑥ 担当の方に繋げてもらえる15秒トーク

■商材ではなく商品を伝える

担当の方の部署がわかりましたら、今から電話をしていきましょう。

このときに大事なことは、電話に出ていただいた方に端的に目的が伝わり、「あの人に代わればよいのね！」とすぐに想像できるトークをすることです。

先ほど、アイシングクッキーを売るのではなく、プロモーショングッズを売るんですよねとお話をしました。アイシングクッキーは商材で、プロモーショングッズが商品です。電話に出てくださった方は、「プロモーショングッズの担当に繋げばよいのね」とイメージが湧きます。もし、「そのような担当は特にいないのですが…」と言われたら、「それでは広報のご担当の方にお繋ぎいただいてもよろしいですか」と自分が思う部署にお繋ぎいただきましょう。

■電話も訪問と同じ！「お邪魔します」の気持ちは伝わる

電話をする前に、自分が営業電話を取ったときのことを思い浮かべてください。「…で？」と言ってしまいたくなるような電話はよくありますよね？　もしくは、一方的にいつまで話すんだろうと思うような営業電話もあります。

それらの２つは、どちらもこちらの時間を奪われるような感覚になり、どれだけよいものであっても、気持ちが離れてしまいます。

突然玄関に入ってきて、自分の話を自分のペースでずっと喋られると、ドアを閉めてしまいたくなりますよね。インターホンを押し、「ハイ」と出ていただいたら、通常「こんにちは」と一礼します。多くの営業電話では、短く伝えることと、急いで伝えることをはき違え、この一礼の時間をつくらないことが多いのです。

受けているほうは、礼もされず、ただひたすら喋られている感じを受けてしまいます。多くが何十件と電話をかけているためそうなってしまうのでしょうね。

「礼」の間と「お邪魔します」の気持ちは、電話だからこそ大事だと思うのです。

■15秒で伝えよう

最初の挨拶の長さは、15秒で設定します。早口ではなく、聞き取りやすい速さでです。

「初めてお電話させていただきます。○○会社の○○と申します。弊社、女性向けプロモーショングッズを企画させていただいております。女性のお客様が多い御社にも喜んでいただけるかと思いまして、ご提案させていただきたいのですが、ご担当の方にお繋ぎいただいてもよろしいでしょうか」と言った感じです。

これに対して、「どのようなものですか」と聞いていただければ、「クッキーにロゴを入れて配る、食べられるプロモーショングッズです」等とお話していきましょう。

まずは、15秒で挨拶。そして、繋いでいただきます。

ここまでリサーチし、商品名をわかりやすく伝え、想像しやすい15秒にできたら、ほとんどの場合繋いでくださいます。私は、100％これで繋いでくださいました。

もう1つ大事なことは、「担当の者が本日不在にしておりまして」と伝えられたときです。このときは必ず、「ご担当の方のお名前を伺うことは可能ですか」と聞いてみてください。教えてくださったら、次回は、その方のお名前を出して取り次いでいただけ、スムーズに繋がることができます。

もし、この時点で、「営業はお断りしております」と繋いでくださらないときは、次の方法を考えるので、気持ちよく、「さようですか。有難うございました」と言って切り替えます。

⑦ 「あなたに会いたい！」と思ってもらえる30秒トーク

■こなれた営業トークはいらない！

ご担当者に繋いでいただければ、完成した4→WINWINの商品をやっとご提案させていただけます。ここまで来ることができただけでも素晴らしいです。

担当の方は、最初に繋いでくださった方から、「プロモーショングッズの企画会社さんみたいです。提案したいと仰っています」という風に聞いて電話を取っているでしょうね。

そのときの担当の方は、どんな気持ちでしょうか。「面倒だなあ」なのか、「よいものを提案してくれるのかなあ」なのか、「忙しいときに何を取り次いでいるんだ（怒）」なのか。

どんな状態でも、電話に出てくださったことへの感謝、そして自分が愛する商品をやっと提案できる嬉しさ、すべてを声に乗せ、挨拶を始めます。

ここで、起業家の皆様だから営業が向いているとお話したことに戻るのですが、お電話で自社の商品を伝える際、こなれた営業トークは全く必要ないと思っています。

緊張していても、上手に話せなくても、この場所にこの商品があると絶対によいと思うことを確実に相手に伝えることが皆様にはできるはずなので、ぜひ、自信を持ってお話するようにしてください ね。

■30秒トークを考えよう

担当者に話を聞いてもらえるかどうかは、先ほどの15秒のトークと同じく、端的なのはもちろん、イメージが湧き、この電話だけで完結できるレベルのお話ができるかどうかにかかっています。

「求めている人」に、「求めているタイミングで」、「求めている予算内の商品を」と言うことです。これができるように第4章で考え、創作してきました。電話を受けてくださった担当の方にも有意義な提案となる、ここからが幸せな営業のスタートです。

「聞いてみてもよいかな」と思ってもらえる商品の説明時間は30秒です。正確に言うと、30秒＋質問を繰り返すという具合に、こちらの1度の説明を30秒で終わるように準備をします。

もちろん、相手があることなので、こちらの流れのとおりにはいきませんが、この電話だけで完結できるレベルのお話をするために、図表10のように4つの30秒を入れるようにします。

図表11では、アイシングクッキーを住宅展示場運営会社にご提案に行きたいときを例にとって具体的に設定してみましょう。

【図表10　4つの30秒トークのパターン】

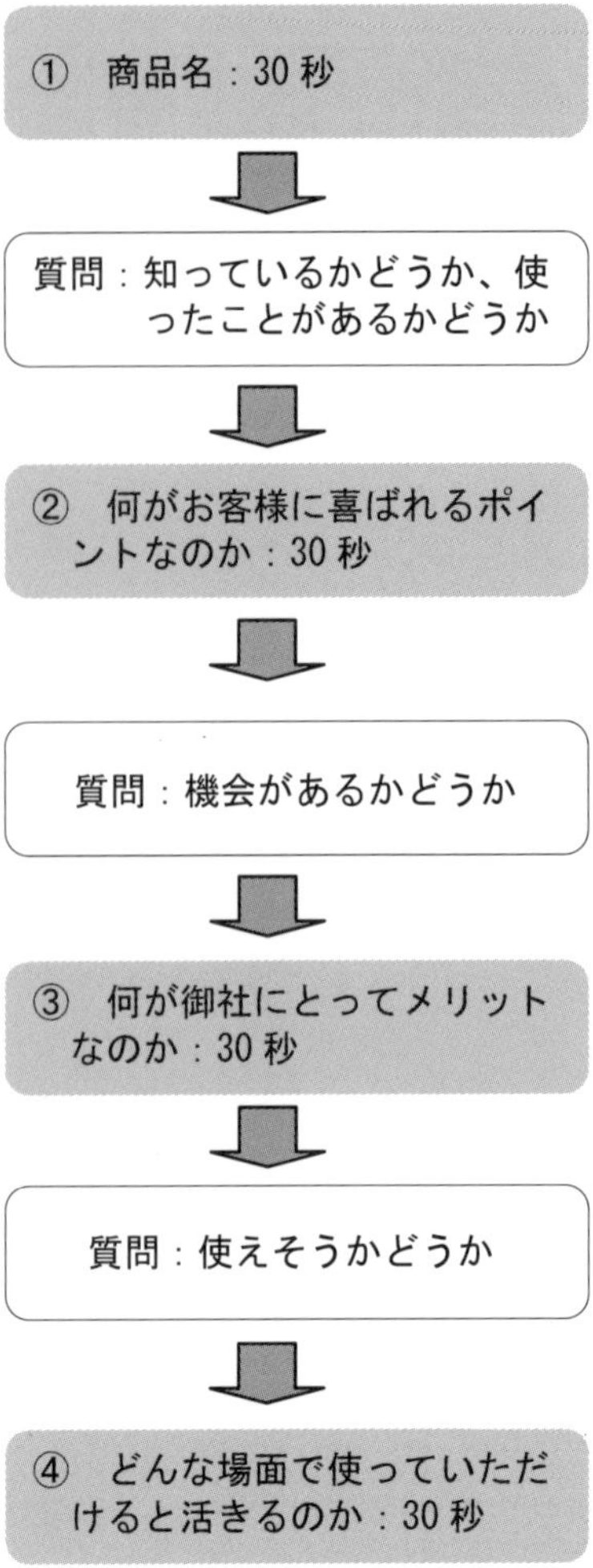
① 商品名：30秒
質問：知っているかどうか、使ったことがあるかどうか
② 何がお客様に喜ばれるポイントなのか：30秒
質問：機会があるかどうか
③ 何が御社にとってメリットなのか：30秒
質問：使えそうかどうか
④ どんな場面で使っていただけると活きるのか：30秒

【図表11　4つの30秒トークの具体例】

《① 商品名：30秒》
弊社、クッキー、食べるクッキーですね。その表面をカラフルにデコレーションして文字やデザインを入れるアイシングクッキーという商品で、会社ロゴや商品名を入れてプロモーショングッズとして企業様とコラボレーションさせていただいております。

↓

質問：○○様、アイシングクッキーってご存知でいらっしゃいますか。

↓

答：あー、知ってますよ。or 知らないですね。

↓

《② お客様に喜ばれるポイント：30秒》
このアイシングクッキーは、女性からは絶大な人気がありまして、食べるのがもったいないくらいずっと眺めていたいクッキーだと言われています。味ももちろん美味しいですし！　女性の中ではプレゼントや卒業祝い等に重宝されていますね。

↓

質問：御社では、そのようなプロモーションでお客様に配る機会はございますか。

↓

答：そうですね。特にはないかな。or 来場者にはいつも何か配っているよ。

↓

《③ 何が御社にとってメリットなのか：30秒》
この商品は、ただもらうお菓子よりも、可愛いと目にとめてくれ、とても印象に残る点が御社のプロモーションにお役に立てるかなと思いましてお電話させていただきました。それと、ひと月ほど持ちますので、夏場でも傷むことなく安心してお配りいただけます。食べてなくなってしまうと広告にならないじゃないかというご心配もあるかと思いますが、今、時代背景として、物を増やしたくないという女性が多いので、あまり残る商品は喜ばれていないんですよ。

↓

質問：○○様、どんなときだったら使えるかなあと思われますか？

↓

答：いやあ、そんな機会はないかなあ。or　キャンペーン期間中とか、イベント開催時のお上産とかだといいかもね。

↓

《④ どんな場面で使っていただけると活きるのか：30秒》
さようですね。よくご依頼いただける形が、ご来場の方にもれなくプレゼントやアンケートご記入の方にプレゼントですとか、イベント開催時の特典。違う角度では、イベントとしてアイシングクッキーを親子でつくろうなどといった企画も喜ばれます。

答えてくださっている場面では遮らず、沢山お話をして教えていただきたいのでリアクションをしっかり取り、聞かせていただきます。

電話では、わかりやすくまとめることと、質問をして担当の方に想像を膨らませてもらうことが一番大切だと思っています。そして、定型文を読むようにお話をするのではなく、自然なコミュニケーションを取ることで親しみを抱いていただけるように心がけます。

⑧ 100万円でも電話で受注が取れる！

電話でアポイントメントを取るだけでも恐ろしいのに、電話で受注が取れることがあるのかと思われますが、受注をいただくこともあるのです。

15秒トークでご担当者に繋いでいただき、30秒トーク＋質問でしっかりコミュニケーションが取れることも大事なのですが、きちんとリサーチをした上で、次の条件が揃った場合、初めてお電話させていただいた状態でもご依頼いただけるのです。

●電話で受注が取れる４つの条件

① お電話させていただいた会社がその商品の類似物、もしくは類似目的に予算を使っている。

② 毎回違う商品を考える等、手持ちの駒を必要としている。

③　予算以内。
④　私たちの実績や実態が見える。

皆様が、先ほどの住宅展示場運営会社の社員の立場になってみてください。「来月の景品は、何にしよう。先月はこれだったけど、同じ物というわけにいかないし。あれは日持ちしないし、夏はチョコは解けるし。あれは予算を超えるし」等と日々考えているときに、女性に受けて、ロゴも入って、日持ちもして予算内。その場でホームページを一緒に見て、実績もあり、間違いがなさそうだと判断できたら、「それ来月の景品にしよう」となりませんか。

この形は、短期回転型モデルの商品になりますが、ここで実績をつくると、全国の住宅展示場運営会社さんに実績と併わせてご提案のお電話ができ、より信頼度が上がります。

単発の御依頼でも、1つのカテゴリーに絞って全国に波及させることができれば、年間を通じて受注機会が増えることになります。

営業に行く前に、既に発注の意思を持ってもらえるなど、とても幸せな営業！　ここでは、値段も関係なく、クライアント様の通常予算の範囲内なら100万円の商品でも電話で受注が取れるのです。

⑨　要望を先回り想定し情報を5個以上用意する

例えば、私たちが服を買いに行ったとき、「手洗いできますか？」「サイズ違いありますか？」「色違いありますか?」「しわになりやすいですか?」「丈は切れますか?」等質問が出てきますよね。そのときに都度都度、「少々お待ちください」と店長に聞きに行っているようでは、「もういいか」と購買意欲をなくします。

販売のスタッフは、最初からそれらの質問が来ることを想定して、情報を準備しておく必要があります。

ちなみに、住宅展示場運営会社担当者に質問されそうなことは、次のようなどんな項目が想定できます。

【基本の質問】

・値段…例えば、2個入りでいくら、3個入りでいくら等
・納期…発注からどのくらいで納入できるか
・ラッピングされた状態なのか
・賞味期限は
・アレルギー成分は入っていないか

【こんなことがしたいと思っているのでは?】

・ラッピング展示場のシールは貼ってくれるのか
・親子でつくれるアイシングクッキー体験会もできる?
・分割納品もできる?

他にも諸々考えられると思います。これまでの実績から、これもお伝えしたほうがよいということも含めて、「基本の質問」はもちろん、担当の方が「こんなことがしたいと思っているのでは？」と考えられることを先に5個以上想像しておいてください。

もっとも、予想だにしない質問が来ればそのときに考えることになりますが、通常、私たちの想定内の質問になるはずです。

⑩ 素力で相談させてもらう

■一緒に仕事を創り上げる意識を持とう

営業に対するテレビからの情報や人伝に聞いた話などで「営業で負けてはいけない」や、押しの営業等、誤った情報がインプットされている方によく会います。

それらは、全く間違った情報で、常に仕事は一緒に創り上げるものだとインプットし直して欲しいのです。

アポイントを取る段階でも、「御社にとって役に立ちませんか」と紹介と相談の姿勢で向かいます。幸せな営業が充満し、訪問する方も、される方も、営業に期待ができるビジネスの世界になればなんて素敵なんだろうと思うのです。

私の営業スタイルは、常に一緒に創り上げるあり方なので、お客様とはよく相談をします。「どうしましょうか」「どんな方法が可能ですか」等、ときには「どのくらいのお値段なら可能ですか」等も伺います。

共に創り上げるということは、対等だと思うからです。そのときの自分は、常に《素》で、等身大です。だからこそ、担当の方と一緒に仕事をし、成功したときの嬉しさも大きく、素で担当の方と繋がれるのだと思っています。電話でもどうぞ素力を持って、相談もしてみてください！

⑪ 約束日時が決めやすくなるように配慮する

■訪問日程を決めさせてもらう

私の商品は、感動を味わっていただくことが目的なので、デモンストレーションも必要です。企画書だけでは伝わらないことも多いため、必ず訪問させてもらうスタイルを取ってきました。

物理的な物があり、見ていただいただけでわかる商品を販売されている方は、「商品をご覧いただけますか」と言うお約束でもいいのかもしれませんが、会っていただき、実際、私たちの想いを乗せてご紹介するほうが何倍も素晴らしさが伝わると思っています。

リモートで画面越しのスタイルになっている今こそ、感覚的に人の気や思いの大きさというものが、人の本能に伝わり、対面の営業の有効性を感じています。

4→WINWINの商品を創り、求めている方にベストなタイミングで求めている商品を予算内に

【図表12　日程約束に向けての３つの配慮】

①　先に下調べをしておく	アポのお話になってから日程や時間を考えていては、流れるようなお約束ができません。例えば、駅からどれくらい時間がかかる場所なのか、新幹線ならどのくらい時間がかかるのか等、確認せずにアポを取ると、間に合わない等の失敗が発生します。
②　日程を３日挙げる	「いつがよろしいでしょうか？」等、こちらからの提案がなく、ざっくりとしか提案していないと先方は選べません。３日ほど日程を挙げてご提案するようにします。選びやすいよう、気を配ることが大切です。
③　提案日程を２週間以内に	担当の方がシフト制だったり、有休をどこで取ろうかなと考えておられる場合、先過ぎる予定は立てられないはず。向こう２週間以内でのご提案をさせてもらいます。

提案できたなら、「それ見せてよ」「どんなものだか持って来てもらっていい？」と言ったお言葉をいただけるのです。

・「見ていただきたいのでお邪魔してもよろしいですか？」

・「30分ほどお時間いただけますか？」

・「ご挨拶に伺ってもよろしいですか？」

等、お約束させていただきます。本来は、そのお電話で日程を決められるのがベストです。

■日程をお約束してくれる３つの考慮

聞いてみたいと思ってくださっても、まだそれほど前のめりではない場合、日程をお約束する際、図表12のような配慮をすることも幸せな営業への道です。

初めからこれらに考慮し、流れるように約束をもらうことで、「ちょっと日程わからないからやっぱりいいよ」と断られることを極力避けられます。

「それでもお約束ができない場合は、どうしたらよいのでしょう…」と半泣きの生徒さんが浮かびます。4→WINWIN商品をわかりやすく説明し、感謝と一礼の間も取り、30秒トーク＋質問をしたけれどもお約束できないときは、いったん撤収します。

ただ、「ちょっと日程が読めないなあ」というお返事でしたら、「改めてお電話してもよいでしょうか」とお伺いし、日を置いて、再度アポイントメントを取らせていただきます。

その他、「ん〜やっぱりいいよ」だとか、「結構です」とはっきり断られたときには、私は気持ちよく撤収します！

ご担当者を困らせたいための電話ではありませんし、今がタイミングじゃなかっただけということも多くあるからです。

顔を見てお話しているなら、表情などを読み取ってアプローチしていけば、考え直してくれるケースがあるかもしれませんが、勝手に電話してきて、勝手に会ってくださいとお願いされて、断ったらどうしてもとお願いされても…。自分の立場に置き換えると、その電話自体に嫌悪感を抱きますよね。それは幸せな営業に繋がりません。

ただ、このときも、私はへこみません。なぜなら、何度も言いますが、「絶対取り入れてくださったらお客様喜ぶのになあ〜」と思うからです。気持ちを正しく言うと「残念」となるでしょうか。電話で話を聞いてくださっただけでも感謝です。それでも私はこの会社さんとお仕事をしたいと思えば、半年後、1年後、またお電話させていただきます。

大きな声では言えませんが、担当の方が変わっていたら、会社の方針が変わっていたら、また違った反応があるからです。

断られても大丈夫。自分の商品を求めてくれるまで、ただただ淡々と磨き続けていくだけです。

■私のわがままなアポイントメント

私のお客様は全国にいらっしゃいますので、全国に足を運ぶことになります。支社があればいいのですが、今はまだありませんので、関西を拠点に飛び回ります。例えば、北海道で1件アポが取れた場合、もう1件お邪魔したいと思ってしまうのが、もったいない根性!!「時計台を見て観光でもしようか」とはなれないのです。

そんなとき、私は、初めてのお電話にもかかわらず、次のお客様にお電話でアポイントメントを取る際、その日北海道に行く旨を伝え、「この日にお伺いしても構いませんか」と何ともわがままなアポイントメントを取ってしまいます。

無理であれば、その前日、次の日と調整してもらいお約束をいただくのです。「そんなわがままなこと言えない。愛川はやっぱり心臓に毛が生えてる」とまた言われそうです。ただ、ちょっとアポを詰め過ぎて、知らない土地でキャリーを引きながらダッシュしている姿をよく晒したりもしています！

そんなわがままなアポでも、多くの場合聞いてくださいます。わがままだと怒られたことはありません。気づかない幸せなタチとも言えますが、本当に感謝です。電話の中で、短時間ですがお客様と何かが繋がっていたら、「こうあるべきだ」というのはなくなるのだと思うのです。

■アポイントメントなしでの訪問の如何

基本的にＮＧです。業務を妨げてしまうため、迷惑となります。ですが、次の２つ場合は、アポイントメントなしでもお邪魔することがあります。

１つは、近くに来たので名刺だけ置かせていただく場合です。顔だけでも知っていただければ、その後お電話した際に、少しは親しみを持ってくださいます。私は、全国のお客様を訪問するため、なかなか頻繁に通えないということもあり、遠方に行った際行うことがあります。

もう１つは、違う担当の方と打合せ後、別部署の方を訪問し、挨拶だけさせていただく場合です。どちらの場合も、先方にご挨拶だけを行う目的ですから、迷惑とならないようすぐに退出します。その後、お電話をし、訪問するお約束をさせていただきます。間接的な手段でも、直接顔を合わせての手段でも、その後、聞いてみたい、１度会ってもよいかなと思ってくれることがアポイントメントが取れるということですよね。ぜひ会いたいと思ってもらええる表現を工夫し、トライしてみてください！

第6章　「来てくれてありがとう」と言われる営業心得

私の永遠の憧れの職業は、JAFの方です。そう、あの車のレスキューのJAFの方です。本当に困って、焦っている方に呼ばれ、駆けつけ、助け、お礼を言われるという、何て素敵なお仕事だと思うのです。かっこいいですしね。

前職が一部クレーム産業だったこともあり、自分の心に曇りのない、絶対によいというものだけを仕事にしようと決め、カラーアナリストという仕事に巡り合い、そこから14年。JAFのお兄様に近づき、誰からも喜んでもらえる仕事をしていると思えるようになりました。

とは言え、そんな私の会社のことを全く知らない方の元に飛び込み、自分の商品を見てもらう営業では、自分の自負等関係なく、常に意識していることがあります。

ここでは、営業に行く際、私が意識している幸せな営業が叶う心得をお話していきます。

「いただいた時間×2」のお返しをする

皆様も、集中して仕事をしているとき、電話がかかってくることで止められた経験ありますよね。アポイントメントをもらう電話も、営業にお邪魔する時間も、人の時間をいただくことを常に忘れてはいけないと思っています。

とはいえ、何らかの形でお時間をいただくことには変わりありませんので、どうその時間を担当の方に有意義なものにするかを次のような観点から徹底的に考えます。

【有意義な情報を持って行く】

私の例で言うと、今のイベント業界の流行や雑誌で取り上げられている女性に人気の物、事、最近の女性の行動変容等、契約に繋がらなくとも担当の方に参考になりそうな情報や前回のイベントでの注目点、気づいた点等の契約いただくに当たって担当の方が上司に伝えやすいものという観点から情報を持って行きます。


【初めての発見をしていただく】

似合う色や似合うスタイリングを診断して差し上げ、初めての発見をしていただき、私との時間を楽しかった印象や勉強になったと、覚えていただける時間にしています。


【困り事を解決する】

担当の方が困っておられることを、他社さんでの実績から、１つひとつ解決法をご提案できるように資料や情報を準備して行きます。

そして何より、楽しい時間になることを意識するのは、営業でなくとも共通です。私が関わる美容院では、朝礼の際、今日のニュースや話題のテーマ等、シェアし合い、お客様に楽しんで会話ができる力をつける努力をしています。そんな風に自分の引出しを広げる努力も必要ですよね。営業は、仕事の話だけをする行動ではなく、情報交換、人と人との交流の場でもあると考えています。

お仕事はタイミングです。伺ってすぐにお仕事になるわけでもなく、時間が経ってからご連絡をくださることも多いです。「営業に行く＝紹介に行く」を忘れず、紹介の短い時間でいかにお互い豊かな時間にするか。相手の時間を大切にする気持ちを忘れません。

違和感なくわかりやすくを追求する

■私がやっている営業のタブー

営業に向く人、向かない人とよく言われますが、第1章で例に挙げたえみちゃんのように、私は、自分の個性のままがよいと思っています。無理にできる風にしている方は、私には違和感で心に刺さりません。営業にセオリーはないように、営業向きな人にセオリーはありません。ただ、これまでの章でお話してきたとおり、「矢印を相手に向ける」「配慮」「感謝」「想い」を携えていることでその個性が活かされると思うのです。

私自身も営業でタブーだと言われる、講師自体が営業に行くということを今でもしています。「講師が営業をすると価値が下がる」とよく言われていました。その意見も一理あるのかもしれませんが、私は自分の価値というよりも、こんな講師が、こんなことを伝えると、クライアント様に見ていただいたほうが早いと今でも思います。実際、担当の方に、「え？　愛川さんが講師をしてくださるんですか?!」と喜んでくださいます。

尊敬するさんまさんも、きっとそんな小さなことなど気にせず、自分が出て行ったり、等身大で仕事をされているのではないかと思います。ジャパネットたかたさんも！　自分がここは大事、押さえどころ！　と思うところは自分で行くのです。

もちろん、エージェントさんが一方で私の研修を売ってくださってもいますが、やはり、私自身が説明し、見ていただいたほうがどう考えてもクライアント様にとっては高い買い物を安心していただけるでしょう。

営業に向いている向いていない、タブーもセオリーもないと思います。お客様に対して、このほうがよいと思えたことを行うことが、幸せな営業になるのだと思っています。

鉄則営業トーク等は失礼過ぎ！

よく書籍などで書かれている「鉄則！　営業トーク」や「これで売れる！　鉄板営業トーク」等の言葉を見る度に1人憤慨しています。「失礼過ぎ！」だと感じます。

私が伝えたい幸せな営業は、こうすればこうなってくれるというものでは全くありません。バカにしないでよ～♪　という話です。そのあり方は必ず伝わりますし、人と人とで繋がれる関係にはなれません。

敢えて鉄則というとしたら、「引出しの多い会社であること」です。
・方法の引出しが多い↓「こんな方法できますか」と聞かれたら豊富に出せる経験。
・前例の引出しが多い↓これまでの例であらゆるパターンを紹介できる経験。

・柔軟性の幅が広い↓対応できる幅を広く用意する。
・データの引出しが多い↓納得いただけるデータも持ち備えておく。
これらの持合せは鉄則です。

お客様が欲しい情報、お客様の役に立つ情報は、必ず持ち合わせますが、お客様を落とせるトーク等は持ち合わせなくてよいと思います。

事前準備を大切に

頑張ってアポイントメントを取らせていただき、やっと紹介できますね！　お客様にもお時間をいただき、自分も時間を使う貴重な時間！　もっと言うと、電話の時点で、お客様には候補に挙がっているくらいの時間になれていたら最高ですが、お邪魔するこの時間に「いいね、これ！」と言ってもらいたい。

そのためには、図表13のような完璧な事前準備をしていきます。

基本セットは、できるだけ沢山の例を見てもらいますし、オリジナルセットでは、実際体験をしていただき、それだけで意図が伝わるように様々持参します。

これらを「視覚・聴覚・臭覚・体感」すべてで総合的に理解してもらえるよう、漏れなく準備をして行きます。

【図表 13　完璧な事前準備】

		私の７つ道具
基本営業セット	・名刺・商品資料、企画書、提案書 ・前例資料、写真、チラシや、HPの控え ・実際の商品・実績アンケート	・企画書、 ・これまでのイベントチラシ、 ・資料、写真、HPの控え ・お客様アンケート、データ ・研修企画書、研修アンケート
オリジナルセット	・試供品、試食品、 ・デモンストレーショングッズ	・診断グッズ、服やストール、 ・プレゼント用カード、 ・鏡、メイクセット
個別セット	・訪問先ごとに必要な情報 ・訪問先の過去の取引情報、資料	・前回の実例

オンライン営業の注意点

２０２０年に加速してオンラインが進みました。前章でお話したとおり、私は全国に営業に廻るの

【図表14　オンライン営業のメリット・デメリット】

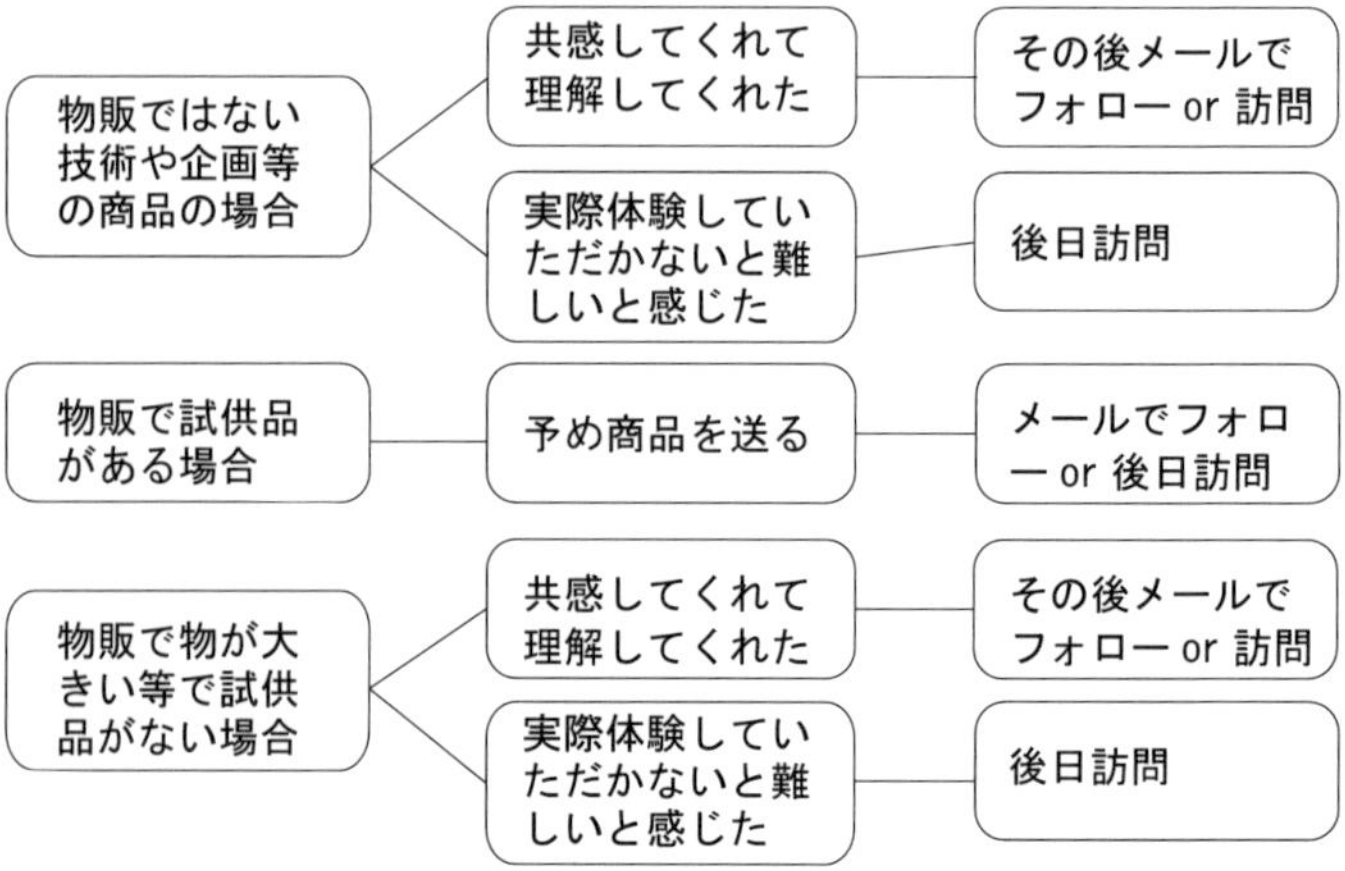

で、オンラインでできたらという想いはもう14年前からあり、この加速は嬉しいものでした。何人かのお客様ともオンライン営業でお邪魔させていただきました。

そのメリット・デメリットは、やはり両方あります。図表14にまとめてみました。

私の場合オンライン営業では、伝わる方と伝わりにくい方、両方いるという結論です。

そして、自分の個性、自分の商品の個性を鑑みても、対面の顔合わせとは充実度が断然違います。ただ、オンラインで顔を合わせ、知っていただき、その後、挨拶だけでもよいので顔を出しに行くというセットにすることはとても有効です。

ただし、お仕事が決まってからの打合せは、すべてオンラインで行え、使い分けの大切さを感じます。

【基本的なオンライン営業の注意点：準備編】

・最悪のことを考えて有線で環境を整える。

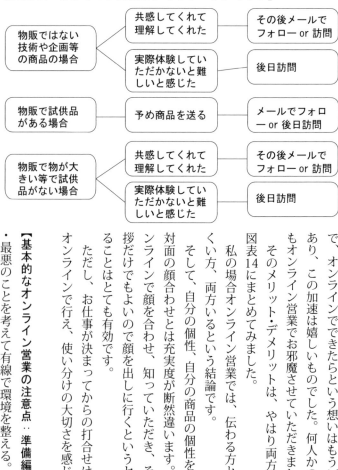

・パソコンの通知音を切る。
・訪問客のない状態にするか、インターホンを切る。
・こちらから ID などの情報を送る。
・ライトを整え、見えやすさを整える。
・暗くならないよう明るめの服を着る。
・事前送付資料があれば送っておく。
・共有画面を見る予定があれば、あらかじめセッティングを完了しておく。
・共有画面での写真は、表示に時間がかかるため、PDF 化しておく。

【幸せなオンライン営業の注意点：オンライン中】

・開始から終了の電源を切るまで、通常の笑顔の1・5倍を意識して絶やさない。
・相手への質問を常に行う。
・目線をきょろきょろさせない。
・普段より頷きや表情等アクションを大きめにする。

【基本的なオンライン注意点：オフ後】

・時間を取ってくださったことへのお礼メール。

・必要な資料があればすぐに送付。

全般的な注意点

対面では、周りの空間や周囲の人がいることで動きがあったり、抜けがあります。オンラインでは、常時向かい合い、1挙手1投足が見えます。パソコンがうまくいかず険しくなった表情や電波が悪く困った表情など、相手にとっては近い距離でマイナスの表情が見えてしまうのはとてもストレスです。

そして、画面越しで自分の雰囲気やらしさを伝えるには、通常の1・5倍の笑顔を意識しておくと丁度よいくらいの見え方になると思います。

また、遊びがないだけに、とても集中して会話をすることになります。その際、こちらが一方的に商品の説明をすることも、相手はその集中に疲れてしまいます。常に相手への質問をしながら、先方から質問をいただき、こちらが答えるというくらいの話のバランスができると、オンラインを終了してからも先方に得てもらえることが多くなると思います。

その点、対面の場合よりも人によっては、しっかり話を聞いてくれるということもあるかもしれません。

ただし、忘れてはいけないのが、事前資料です。郵送かデータで共有して見られるよう、余裕を持って送り、当日を迎えるようにします。

第7章　メリットしかない営業活動

提案先企業の現実

皆様が提案しに行きたい企業の方は、その商品知識にどのくらい精通しているのでしょうか。

例えば、ラーメン屋さんに、自社の自慢の麺を持って行き、見てもらうときには、先方も、大きなこだわりを持ち、詳細まで精通している中でのご提案になりますので、「知っている」という状況になります。

しかし、そのラーメン屋さんに垂れにくい醤油入れを持っていく場合、ラーメン屋さんは「よく知らない」という状況です。そして、ラーメン屋さんは、よほどでないと垂れにくい醤油入れに詳しくなろうともしていないでしょう。

旅行会社さんに、バリ旅行を紹介しに行くなら、「知っている」状況ですが、システムを操作する性能のよいタッチペンを持っていくとしたら「知らない」状況ですよね。そして、アンテナを張っていない限り、SNSでどれだけ性能のよいタッチペン等と流れて来ていても、これをうちで取り入れようとは思わないでしょう。また、もし、アンテナを張っていて、「へー、こういうのもあるんだ」と意識はしていても、よくわからず、取り入れるまでにはすぐ動かないのではないでしょうか。

そんな風に、現実、商品の存在は知っているけれど、どんな種類があり、どんな特徴があるのかまでは、別の事業を遂行している企業の方は知らないのです。

特に、女性向けの商品なら、男性の担当の方は知らないことが多いですし、車のメンテの商品なら、車を持っていない担当の方は知らないですよね。

私たちは、その世界でいますので、皆知っているだろう、もう取り入れているだろうと思ってしまうことが多いのですが、現実、知らない方が沢山いるのです。

完成した4↓WINWINの商品は、キーワードくらいは知っていても、そんな特徴があることやそこまでメリットがあることまではきっと知らない方のほうが多いはずです。

SNS発信では、存在を何度も見て知識として頭に入れるのには効果はありますが、実際訪問し、4方向への価値を見ていただくことはとても効果があり、実は穴場！　というケースが多いのです。

市場の状況を肌で感じられる営業のメリット

14年前、営業に行き始めた私は、自身の企画内容がどの担当者も「知らない」状況でした。初めて触れていただいていることを肌で感じました。何件お邪魔しても同じ反応をされることで、市場の状況を知ることができ、スピーディーに営業活動の拡大を選択することができました。誰も営業には来ていない状況がわかった穴場だったのです。

また、値段設定にしても、直接ご担当の方との話の中で市場価格を知ることもできたのです。

事業をする者にとっては、市場の情報をどれだけ早く得られるかは重要な要素ですよね。ウエブ上に上がってきた段階では既に遅く、先に先に得ていくことが大切です。

お客様と一緒に創っていくとお話をしたとおり、営業の中で、「こんな方法でやってみましょうか。こんなことできますか」と言っていただくことや、「今、うちはここに力を入れていて」等、沢山の相談から情報をいただきます。

その1つひとつが弊社の力となり、肉づけされていきました。

想像と実情の隙間を埋める情報が得られるメリット

例えば、全国チェーンのスーパーに、自分がつくった小さな畑のトマトを提案に行きたいと思ったとしましょう。小さな畑でつくっていますが、絶品だったとしましょう。それでも、全国のチェーンに卸すほどには生産量がないでしょうし、農業組合を通さないといけないのかな等、想像をしますよね。そこでほとんどの方は、止まってしまうかもしれません。

ですが、企業によっては、「では、この店舗だけで仕入れましょう」と言ってくれるかもしれません。「組合を通さなくても、直取引しましょう」と言ってくれるかもしれません。実際はわからないですが…。ただ、自分が想像することと企業の実情は、案外違うことも多いのが事実なのです。

営業に行くということは、その隙間を埋めることができ、どんどんと可能性が広がっていくメリットがあります。自分で創った壁や常識があれば、実際は虚構だと納得できるかもしれません。

「弊社、こんなよいものがあるのですが、ご要望ってあるものでしょうか。購入いただける可能性ってありそうですか」というスタンスで、皆さんが自信が持てる商品があるのであれば、軽やかにご提案しちゃいましょう！

頼りにされる関係性になれる営業のメリット

担当の方とよいものを創るための共同作業をすることで、今後の長いお付合いをしていただけるようになります。

折に触れ、「急ですがお願いできますか」とお声をかけていただけ、信頼を積み重ね、頼りにされる関係性が出来上がります。

4↓WINWINの商品は、時代に大きく左右されることもない商品になっているので、長くお付合いいいただけるのです。大手企業ではなく、私のような小さな会社のメリットは、会社と会社の繋がりではなく、担当が変わらず、長く通えるので、人と人との繋がりを強固に創つくることができます。たとえ同業他社が入っていても、何かのときに頼りにされる関係性ができることは、常に集客をしなくてはいけないBtoCと比べると大きなメリットになります。

最近では、オンライン販売がどのように流れていき、私のクライアント様がどの動きをしていこうと考えているのか、困っているのか。２０２０年は、この流れの情報から、新しい提案をいち早くすることでお役に立てたり、アフターコロナの動きを一緒に考えていくことができました。
継続した営業でのやり取りの中で信頼をいただき、何かあったら頼ってくれる存在になれるのです。

営業を他に任せるデメリット

営業ができない方には、次のようなな方法もあります。

●他社に営業を委託するアウトソーシングの形
●営業を代わりにしていただくエージェントに任せる

ただ、最初から頼るのは、私は「とてももったいない」と感じます。皆様の想いが、同じ熱量でアウトソーシングの営業の方からお客様に伝わるものでしょうか。

エージェントを介した際、先に挙げたお客様からの声や情報が肌で感じることもできず、関係性もつくることができません。

また、間に入っていただけば、お客様へのスピーディーな応答ができず、日程がなかなか決まらず、こちらの予定が入れにくい等のデメリットが出てきます。

私が取っている方法は、自分の営業がメインで、拡げるためにエージェント数社に協力していただいている形です。読者の皆さんには、まず自身で足を運び、肌で感じて、関係性を創りながら後にこの形に増やすことをおすすめします。

第8章

〝苦手！〟が〝ワクワク！〟に変わる営業ステップ1、2、3！

信じてもらえませんが、営業は、私にとってワクワクなのです。以前、同じ香りがする方にお会いしました。その方も、「理念は3方よし」と仰っていました。その方の商品は、素晴らしく、沢山の方に役立つ素敵な商品で、すぐに好きになりました。

そして、その方も、ワクワクしていました。やはり多方面に役立つ商品ができ、土台をつくり、1点の曇りもない商品につくり上げたとき、誰もが営業にワクワクなれるのだと確信を抱きました。

本書を読んでくださっている方が皆、ワクワクできる営業を味わえると改めて思ったのです。

ここからは、私の行っている「幸せな営業を叶える」営業前から実際の営業までの3つのステップをお話しします。

営業前のセルフブランディング

■This is I を見つける

「私は、クライアント様にもその先のお客様にもとことん喜んでもらうために楽しく働くパワフルウーマンです」。これは、私が自分を表現するThis is Iです。

そして、きっとご担当の方からも、そう見えているだろうと思います。なぜなら、間違いなく自分らしい表現でしっくりくるからです。パワフルウーマンと言うのは、自分で言うのは随分とおこがましいと感じていましたが、皆さんからのフィードバックでいつも出てくるので、恥ずかしがらず使うようにしてきました。

よく「セルフブランディングはこうする！」という教えがありますが、私は、常に自分らしさをそのまま出すことがセルフブランディングだと思っています。自分を知り、それをすべてで表現することが勝手にブランディングになっていると言うイメージです。

スクールでは、「恥ずかしがらず、自分のことをこの1行に入れてみてください」という授業をします。私もそうだったように、人からフィードバックをもらったほうがつくりやすいかもしれません。自然体で皆さんがどう見えるかが大切で、わざわざつくり上げるものではありません。

【私は〇〇のために〇〇する〇〇な人です】

1つずつ考えてみます。最初は、「私は○○のために」です。

例えば、次のように考えます。

・世の中がこうなってくれるため
・こんな人にこんな想いになってもらうため
・この場所がこうなってくれるため
・この世代の人がこんな状態になってもらうため
・この想いを持っている方がこうなってくれるため
・これができない方ができるようになってもらうため　等

【次に〇〇する】

・力を尽くす
・共に歩む
・世界を広げる
・喜びを提供する
・商品開発を続ける
・笑顔で寄り添う
・厳しく育てる

【最後に〇〇な人です】

・ハイテンションな人
・笑顔に力がある人
・愛がある人
・人を楽しくさせる人
・ハグをしたくなる人
・冷静で信頼される人
・落着きが人を安心させる人

・癒しを人に感じて貰える人
・元気を与えられる人

もっともっと出てきますね。どうでしょうか。完成しましたか。

このThis is Iをただただ生きることが、これから出会うご担当の方、仲間、すべての人々にブランディングとなり、記憶に残っていくと思うのです。

もっとも、この1行も、もしかしたら変っていくかもしれません。自分の成長とともに、新しい自分に気づくこともありますし、本当はこれがしたかったんだと後に気づくこともあるでしょう。

そのときはそのときで、この1行に違和感を感じてくると思います。それも素敵な進化ですよね。変化や進化の回転が速いのも、起業した人のメリットだと思っています。どんどん変えていってくいですよね！

■見かけは幸せな営業が叶う大事な要素です

お洒落な女性が沢山集まるケーキ屋さんやカフェは繁盛します。なぜだと思いますか。「自分をよく知り、情報収集力があり、センスがよい方が選んでいる。その物ならさぞかし美味しい物なのだろう、間違いない物だろう」と人は潜在的に感じるからです。

例えば、HP作成を依頼した方と初めてお会いしたとき、その方の服装、髪型、トータルが自分にとって素敵と思えないと、HP自体自分が思うようなものにならないのではと不安になりませんか。インテリアコーディネーターに部屋のリフォームをお願いしたとき、その方のファッションスタイルが自分にとって素敵に見えなかったとき、自分が思う以上の提案が出てこないのではと心配になりませんか。

ケーキなどの商品でも、人の潜在意識が関わるなら尚更、クリエイティブなお仕事にはその人となりはもちろんですが、見かけは大きく関わってきます。

ここでいうお洒落は、自分をよく知っている＝そしてThis is Iを表現できているかということです。自分の似合う物が客観的によくわかっている。こだわりを持って選んでいる。そんなこだわりに、この方がすすめる物ならきっとよい物なのだろうと、可能性を人は感じるのだと思うのです。

そして、そこにThis isが表現できていれば、自然とアピールになっているはずです。やっとアポが取れ、お時間をいただけた短い時間で、信頼を抱いていただくために、見かけから可能性を感じていただくことは、商談を進める上でとても大事な要素になるのです。

アート引越センターが、新しい白靴下をご依頼者の家に上がるときに履く行為も、お客様に安心して、信頼してもらうための表現の1つですよね。

今から初めて会う方によい印象を持ってもらうことは、幸せな営業の大事な要素になると思うのです。そのためには、次のことを知り、いつも意識していたいです。

・基本的に自分の似合う色を知る。

・基本的な自分に似合うスタイリングを知る。
・自分が訪問先からどう期待をされるのかを考える。
・自分が表現したい This is I は表現できているのか。

■自分の感情や豊かになることに額縁を持たせる

私は、全国のご担当の方と繋がっていくことにとても喜びを感じます。そして、転勤になってもご依頼いただけ、またご一緒できることなど、飛び上がるくらい嬉しいのです。

仕事を通して、人とご縁ができ、繋がり、一緒にお仕事をすることが好きで、心が豊かになることをずっと実感してきました。きっと人により、どこに喜びを感じるのかのポイントが違うのだと思います。

そこを研ぎ澄まして感じ、その感情や豊かになることに額縁を持たせることの豊かさが皆さんに伝わるとよいなと思うのです。令和と額縁に書いた新屋号を菅さんが持って見せたときのように、私の額縁には「一緒に仕事ができる豊かさ」と書いてあるのです。

そして、その額縁が、いつも自然と発する言葉というのがあります。私にとっては、「○○さんとまたご一緒したいです」「○○さんとご一緒できますことを楽しみにしております」という挨拶となって出てきます。

心からの気持ちや言葉でしか人の心には届かないと思うのです。自分が仕事を通して何が一番嬉しいのか、何に喜びを感じるのか、それを額縁に入れたとき、そこからどんな言葉を発していますか。「お金儲けがしたいです」の額縁なら、その額縁に似合う場所に営業に行くことになりますし、どんなことでももちろんよいと思うのです。

これから営業に行くとき、この額縁を持ってさえいれば、必ずご担当者に伝わり、記憶に残る時間とあなたになることと思います。

見せかけのアピールはすぐにばれてしまいますが、自身の人間としての想いは、自然と人の心に残っていくのだと思っています。

■名刺でブランディング

営業には必須の名刺ですね。名刺を作成する際に考慮すべきは、次の諸点です。

・物理的見やすさ。
・事業のわかりやすさ。
・会社・事業イメージの伝わりやすさ（個人ならThis is Iの伝わりやすさ）。
・見つけてもらいやすさ。
・情報をプラスする。
・こだわりを持たせるOR持たせないをはっきりさせる。

これらを考慮してつくってみてください。

【物理的見やすさ】

配列や掲載事項が多い場合は、裏面も使うということを考え、見やすいレイアウトにします。

【事業のわかりやすさ】

私の事業は、カラーコンサルタント業ですが、アパレル業界向けの事業と医療福祉業界向けの事業、教育事業と、皆さんにお伝えしたい事業の対象が分かれていますので、事業を分けて、見ている人が、自分はここの部門だなと認識しやすいように、項目とレイアウトを考えています。

【会社・事業イメージの伝わりやすさ】

・色使い

名刺は、「カラーコンサルタント」としての名刺と「営業塾 Rêve 主宰」としての名刺を持っていますので、2種類ありますが、カラーコンサルタントの名刺は、ご想像どおり、色を駆使することになります。もちろん、色といっても万とありますので、ここでどの色を選んでいくかというのは、会社としての This is I に叶う色をセレクトすることになります。

私の場合は、私＝会社ですので、私の This is I にはパワフルがついてきますし、似合う色は柔らかなパステルでもなく、可愛らしいお花畑のような色でもありませんので、強さが見える色配色で、見た方にパワーを感じていただけるよう作成しています。

似合う色を診断するという仕事目線から見ると、自分を知っている、わかっている人は、相手から信頼されるスピードが速くなります。自分の似合う色と全く違う色の名刺を持っていると、相手からは何か違和感を感じ取られ、この人は本当はどんな人なんだろう、見かけと違うのかなと感じられるデメリットがあると思っています。

もし、木村拓哉さんの名刺が、パステルピンクとラベンダーの水彩画風の名刺なら、キレイなんだけれど、名刺交換後、1度顔と名刺を見比べてしまいます。逆に、表面がダークブラウン、裏面がブラックなどで、濃くダークな色の配色の名刺を貰うと、やっぱり、流石ですねと、スムーズに着席してしまいます。

ただ、色にも形容詞がつきます。パステル色なら、薄い、軽い、柔らかい。お花畑のようなブライトカラーなら、可愛い、活発、明るい、等です。

自分のイメージカラーが、少し仕事にすると信頼されにくいかなと感じる場合は、面積を少なくするか、ダークな色をプラスしてコントラストをつける等の工夫をしていきます。

せっかく起業した私たちなのですから、自分色をしっかり載せていきたいですね。

・フォント選び

フォントもとてもイメージを左右しますよね。独りよがりになっては失敗するのが、このフォント選びです。フォントにも、イメージさせる形容詞があると思います。どう見せたいかでセレクトされるのがよいと思いますが、ここではThis is Iではなく、商品の種類を一番の基準にセレクトしていくと独りよがりにはならないかと思います。

例えば、ITサポートといった、「しっかりサポートしてくれるんだ」と信頼を感じていただきたい商品は、「山田花子」等、教科書文字から離れないレベルのフォントがよいと思いますが、大道芸を商品にしているなら「**山田花子**」等、遊びを含んだフォントでもよいですよね。

極端にお話しましたが、独りよがりにならないとは、見た相手が自分の商品に安心感を得てもらえるかという視点でセレクトするということです。


【見つけてもらいやすさ】


数ある名刺の中から、「あー、あの方来てくださったなあー、誰だっけ」というときに、名刺交換の際に一瞬で覚えた印象を頼りに名刺を探すのですが、私の名詞は一瞬で見つかるように工夫をしています。

それは、四方どこをとっても色が出てくる表裏にすることです。白の名刺が多い中で、私の赤とピンクの名刺は、すぐに見つけてくださるようです。

他には、最初のインパクトとその後の見つけやすさを兼ね備えた次のような工夫もできます。

・クラフトパンチで綺麗な飾りで透け模様にする等の装飾での工夫。
・紙の角を丸くする等の形を変える工夫。
・手触りのある紙質を使う等紙質の工夫。

【情報をプラスする】

QRコードを載せ、事業内容や自身の紹介動画をプラスする、自分の顔写真を載せ覚えていただく、商品紹介等情報をプラスすることもできます。

1枚で足りなければ、折りたたみの名刺にすることも可能です。沢山情報を載せたいという方は、折りたたみも検討してみてもいいかもしれません。

【こだわりを持たせるOR持たせないをはっきりさせる】

大手の会社では、従業員数の多さから、全体的に色をつける等の個性のこだわりを逆に持たせていない企業さんが多いです。

名刺を連絡ツールと扱うのか、自社・自分広告と扱うのかというところをはっきりさせることが大切だと思っています。中途半端な名刺は、役割も中途半端になり、とてももったいない紙になってしまいます。

訪問して一番初めにコミュニケーションを取る手段が名刺ですので、こだわりを持たせた名刺で、自分に可能性を感じてもらうツールにしたいですね。

■自分を覚えてもらうナチュラルな方法

これから営業に行くに当たり、沢山来ている営業の方の中でも、ぜひとも自分を覚えていただきたいものです。

そのために私がいつも行っていることは、「カラーイベント、研修の愛川です」と話したり、メールの題名に書くことです。特に意識して始めたわけではないのですが、クライアント様だけではなく、経営者仲間にも、カラーの愛川さんと呼ばれるのをよく耳にしていたとき、勝手に人がブランディングをしてくれていることに気づいたのです。仕事と名前をセットで覚えていただいていて、何かあったとき、「カラーの愛川さんを紹介するわ。」と紹介してくださる。これはとてもありがたいことだなと思ったのです。

電話でお客様とお話するときも、「こんにちは！　ご無沙汰しております。カラーイベントの愛川です」とお話しますし、メールでも同じです。㈱BloomColorStudioを覚えていただいていなくとも、それで勝手に覚えていただいています。

同業他社がいたとしても、まず、「カラーなら愛川さんがいたな」と思い出していただけることで、プレゼンや見積りのチャンスをいただけます。

セルフブランディングの1つとして、覚えてもらいたいフレーズを使っていきましょう。

私が大切にしている訪問導入

さて、セルフブランディングができたら訪問です。

営業にお邪魔して席に通していただいたら、まずは名刺交換ですよね。セルフブランディングのところでお話したように、私の名刺は赤がベースのカラフルな名刺です。多くの方に、交換の際、何か一言いただけます。「綺麗ですね」だとか、「カラフルですね」等、この導入の緊張感を名刺が和らげてくれています。

第一印象の重要性は言うまでもないのですが、最初にお会いする際、また何回目でも、打合せにお会いする際、私は顔のパーツがこれ以上変化できないほどの最大限の笑顔になっていると思います。そのくらいお会いできることの喜びを表現したいからです。

緊張はするかもしれませんが、それ以上にお会いできた喜びをできるだけ表現してみて欲しいのです。お相手の緊張が和らぐと思います。担当の方も、どんな人が来るのだろうと警戒と緊張をしていると思うのです。

そして、着席をし、話を始めるわけですが、私は、このときの会話を大切にしています。そのために次のような話題を予め用意しておきます。

・周辺の話題。
・訪問先の会社の最新の話題。
・訪問先の施設の感想。
・電話のときに感じた担当の方の印象。
・以前の担当の方の話題。

訪問する前に施設を拝見したり、道中で感じた町の雰囲気、電話で素敵な声だと感じたことなど、主語が「御社の」、「○○様の」になることをお話させていただくことから始めます。

ですので、訪問30分前には、周辺、施設に必ず着いています。名刺交換後、すぐに自分の商品の話をすることがないように、着席から２分〜３分間はご担当の方に質問をする形で場を和らげていきます。

そこから自分の商品をご紹介させていただきます。この導入が幸せな営業の始まりです。

ステップ①・担当の方に感動の体験をしてもらおう

百聞は一見に如かずとよく言ったもので、お客様に自社商品を紹介していただくときに、いくら説明をしてもらうより、見て、食べて、実際に体験することほど早いものはありませんよね。私自身もせっかちなので、「先に見せて！」と言ってしまいます。

その一見を「感動の体験」にしていただける時間にしています。食べ物なら、「美味しい」ではなく、「めちゃくちゃ美味しい！」。体験なら、「楽しい」ではなく「めちゃくちゃ楽しい！」というレベルです。そこにこだわり工夫をしていきます。

私の商品のイベントは、似合う色を診断して差し上げるカラー診断イベントと、似合うスタイリングを診断して差し上げる骨格パーソナルスタイル診断イベントの２種類があります。

担当の方には、実際、イベントでお客様に体験していただく流れをすべて体験していただきます。

そして、似合う服を実際見たり、スタイリングの悩みを聞いて解決したり、仕事そっちのけで自分をとにかく楽しんでもらう時間にします。

私自身、沢山の方にその感動を味わってもらいたいと思って始めた仕事なので、仕事だからというよりも、目の前の担当の方にして差し上げたいと思っているからです。

例えば、これまでに話したネイルの事業なら、ネイルは誰でも想像はつきますが、「ネイルの色で手の色がここまで変わるんです！」と体験してもらったり、速攻つくれるプリントシールで担当の方の顔をシールにし、ネイルにしてあげたり…。勝手な発想を巡らしていますが、「めっちゃいい！」を体験してもらうことを考えてみてください。

アイシングクッキーだと、「この飲み物とのセットで食べると2倍美味しい！」だとか、目の前でデコレーションするライブを見てもらって驚いてもらうだとか。できることの中で、どう驚いてもらうか、感動してもらうか。その感動を体験していただいたら、「ではさようなら」でよいのです。後はご連絡を待つのみとなります。

「Step ①ポイント＝驚き、感動で心に波を立てる！」

ステップ②・想像以上のプランをご提案させてもらいましょう

「では、さようなら」でもよいのですが。次に、ご担当者が思ってもいないプランをご提案していきたいのです。これが第4章の《4→WINWINが叶う場所に絞って想像していこう》で考えた内容になります。肉づけです。

そのプランは、想いの熱い皆様だから出てくることだと思うのです。こんなこともしたい、こんなことでも喜んでもらいたいと思うことをただするのです。

アイシングクッキーなら、プロモーショングッズだけではなく、「社員のお誕生日に名前入りのオリジナルクッキーを恒例でプレゼントするといった企画はいかがですか」だとか、「就活生のお土産にするというプランはいかがですか」といった具合です。こちらが想像し、こんなことをするともっと沢山の方に喜んでもらえるのではと考えプランをつくるのです。

随分前に、とても繁盛している八百屋さんのサービスで、ラーメン屋さんにただネギを卸すのではなく、カット済みのネギを販売することで大ヒットしたという話を聞きました。これも想像以上のプランの提案ですよね。

「Step ②ポイント＝何ができるか、想像力をフル回転し考える」

ステップ③・担当の方にプランを想像してもらおう

感動の体験から、想像以上のプランのご提案。本当にこれで終了です。その後は、担当の方に、「どんな形がつくれそうですか」とバトンを渡します。

・弊社はこんなことができますが、いかがでしょうか
・御社ではどんな形が考えられますか
というスタンスです。

あとは、担当の方が、「こんな風に繋げてみたいです」や、「この時期にこういう企画でいきたいです」等、どんどんと想像をしていただけ、完成していかれます。

「すぐにはできないけど、タイミングが合えばやってみたいです」と言ってくださる方ももちろんおられます。そのときには、もう1度想像に戻ってくれるように質問をしていきます。「予算は大丈夫そうですか」と聞いてみると、「あー、それは大丈夫ですね」と言ってくださったり、「実施するとしたらあの場所だとちょうどよさそうですね」と聞いてみると、「そうですよね。空いていればできますよね」だとか…。

想像は担当の方に任せ、こちらは見守り、ときに質問をするだけとなります。ですが、間違っても、怒涛のように質問を浴びせてはよくないですよね。担当の方が、自分のペースで思い巡らしてくれている時間を大事にします。

自分を振り返ってみてください。似合う色や似合うスタイリングを提案してくれる店員さんが、自分では着たことのない服を持って来てくださって、試着室に入って着てみると、「こんなの着たことない!!」、「こんな自分初めて!」と嬉しくなった後、そのスタイリングに似合う帽子も持って来てくれたり、つけたことのないファッション眼鏡も持って来てくださったりと、自分が思いもよ

らない提案を加えてくださる。そして2BUY 20％オフ！

その後は、「家のあのトップスにも合うかな？」、「買ったらあの仕事の時に使えるかな？」、「値段は、まあ大丈夫か」等と、服を見ながら想像しますよね。「もうすぐ誕生日だし」とか、「最近買ってないし」とか、様々想像します。そのとき、店員さんは何も話さなくてもよいですし、時々、「ご自宅のお洋服で合うものはありそうですか」や、「お仕事でも使えますか」等と質問をくださる程度で充分ですよね。それと同じです。

ステップ①から③では、驚いてもらって、「こんなこともしてくれるんだ！」と思ってもらって、あとはそこにいる。ときに質問で終了です。押す場面もありませんし、負けないようにファイアーの姿勢でいる場面もありません。担当の方にとっても心地よい空間と時間になっているはずです。

これが、私の思う幸せな営業です。どうでしょうか、苦手からワクワクに変わりそうなイメージはできますか。

【Step ③ポイント＝最後は想像に戻ってもらえるように質問をする】

必ず聞かせてもらいたいこと・その1

お仕事に繋がっても繋がらなくても、今後のためにぜひ教えてもらってほしいことが3つあります。

その1つ目は、「時期」です。

例えば、ウェブコンサルティングが商品の場合、現在の契約の更新時期、リニューアルの予定時期。端的には、商品を百貨店に提案する場合に、各催事参加店に声をかける時期等です。

自分の商品をいつまでにご紹介すればタイミングを外すことなく見ていただけるのか、市場の時期を把握することで、毎年、ベストなタイミングで伺うことができるのです。

年間の予定表にすべて書き込み、再訪問する予定を見える化しておくことをおすすめします。

必ず聞かせてもらいたいこと・その2

2つ目は、「今期、来期の方針」です。

「これまでは、この部分に力を入れていたんだけど、今期は別のところに力を入れるから」なんてこともよくあります。「今期は力を入れない…」ということは、「予算がないってこと?!」と青ざめて帰ることもあり得ます。

コンパクト経営をしていく上で、力を入れるところと入れないところをはっきりすることが必要になってきます。すべてのところに労力を使うことはできないのです。会社として予算を取らないと言っているところに、「弊社の商品、いかがですか」とアプローチしてみても、お互い不幸せな営業になるのは見えています。

もちろん、顔を出し、タイミングが来たときに声をかけてもらう関係性をつくることは必要ですが、ステイです。

逆に、自社の商品が役に立てる方針だと感じた場合は、早急にプランをつくり直し、より役立つボリュームにしてご提案していきます。

必ず聞かせてもらいたいこと・その３

３つ目に、担当の方や会社の「困り事」です。

第４章や第５章でも、担当の方の「こうして欲しい」を想像してできることを考えよう、質問に答えられる準備をしておこうとお話しました。このことを想像できるのも、営業に行った際に、担当の方からお伺いし続けていくからです。

困り事が何年も変わらない場合と、コロナ禍のときのように急に困り事が増える場合と様々あります。もちろん、「困り事は何ですか」と聞くわけではありません。人間関係ができていないときにそのように聞いても答えてはくれないと思います。質問の中で探っていくことになります。

私のもう１つの商品である研修事業では、ご担当の方はお忙しい業務の中で参加者の募集をかけていくのも大変です。そんな困り事を感じ取れば、案内文の作成をお手伝いしたり、参加率を伸ばすお手伝いを申し出ることができます。一緒に仕事を創り上げていくという中で、困り事を伺うことはとても大事なことになります。

この困り事は、担当の方の場合です。もう一方で、その会社さんが抱えている困り事というものがあります。

この2つの角度から、どんな困り事があり、それに対して自社でどんなことができるのかを常に考えていきます。

他社との競合は値段じゃない

急激に需要が増えた夏の携帯扇風機、「あったらいいな」が形になった商品ですよね。一言で携帯扇風機と言ってもとても種類が多くあります。首から掛けられるもの、クリップでカバンにつけられるもの、立てられるもの、威力の強いもの、アロマオイルでいい香りが流れるもの等など、それぞれのユーザーが欲しい機能を選んで購入しているのを見るにつけ、「他社との競合は値段じゃないなあ」と感じます。

洗濯機のお話もしましたが、30万円以上する高性能の洗濯乾燥機もあると思えば、最低限の機能だけを残し、値段を抑えたシンプルな洗濯機もある。どちらも違いが明確で、選びやすいですよね。

自分たちの商品も、どんなところが特徴で、どんな効果が出て、買っていただいたらどんなメリットがあるかがわかりやすく見えたとき、競合他社との選択の際、選ばれる商品になります。

ここで意識することは、「肉づけの中でも、お客様にとって重要である価値」にするということです。アイシングクッキーをプロモーショングッズとして紹介する際、「うちの商品は普通の砂糖とは違い、和三盆を使用しております」と伝えても、響くでしょうか？　プロモーショングッズとしては重要とまでは言えません。それよりも、「弊社のクッキーは当たり付きになっていまして、当たりが出た方はまた来場してくださったら景品をプレゼント！なんてことで再来場を楽しんで促進するようにしております」のほうが、プロモーショングッズとして響きますよね。

4↓WINWINから絞っていく際、お客様の一番大事なことに叶っているかを考えるというお話をしましたが、この価値に関しても同じく一番の価値に叶うように考えていきます。

断られたら理由を聞こう

■断られる理由を分析し精査していこう

ここまで学んでくださったことを実行しても、断られることはもちろんあります。しかし、そのときが大事なのです！　どんな理由かを教えていただきましょう。

断られた理由を聞くのは、とても辛いものですよね。しかし、ビジネスの世界では、その断られた理由が重要です。聞けば聞くほど、自社の商品は必ずよくなります。ただし、断られる理由によって、次のアクションが変わってきます。

考えられる理由を挙げてみましょう。

《他社さんが既にいる》

需要がある証です。何があれば検討してくださるのか、教えてくれそうでしたら聞いてみます。契約更新の際に、相見積りやプレゼンをさせていただくことをお願いしておきます。

《決め手に欠ける》

4→WINWINの商品ができているのに決め手に欠けるのは、何かのデータが足りないのか、魅力の見せ方が足りないのか。誰かにプレゼンを聞いてもらってもう1度見直してみます。

《費用対効果が合わない》

これは事実なのだと思います。価格かシステムを見直しましょう。もし、数字で見えない価値があるのであれば、別の方に同じことを伝えてみます。その方が、その価格でOKであれば、人の価値観と考え方に左右される商品なのかもしれません。そのままで行って探ってみます。

《値段が合わない》

合うところにご提案できていないのか、価値に見合わないのか、そのまま続けて探っていきます。

２方向にお客様がいらっしゃるクライアント様に提案をしても合わない事実があれば、修正していきます。

実績をつくるために先方に合わせると決めたなら、その選択も自由です。

《今はまだできない》

できない理由を教えてもらいましょう。できる方法を一緒に考えるか、できる時期に備えてフォローを続けていきます。

《効果が見えない》

提示しているデータよりもっとわかりやすいデータが欲しいのかもしれません。それとも、そこが一番成し遂げたいことじゃないための柔らかなお断り。もしくは、その商品のことを全くわからないのかもしれません。

以後、現場で取れたデータや効果をメールで送るなど、続けてフォローしていきます。

《そこには予算がかけられない》

今期、どんなことに力を入れているのか、可能であれば聞きます。必要になったら力になりたい旨を伝え、フォローを続けます。

■営業の締めくくり

ステップ①、②、③を行い、想像できる流れとしては、次の３つです。

① 明言を避けて、「わかりました。検討します」という形。

② 好印象で、「前向きに検討します」と言ってくれる形。

③ これらのような感想やマイナスの言葉を言われ、好印象ではない形。

私の商品は、４→WINWINを叶えていますが、②の前向きか、③のマイナスかどちらかに分かれます。①の明言を避けて検討しますというパターンは、ほぼありません。そして、マイナスの場合は、ほぼ男性の担当者のときになります。皆様の商品はいかがでしょうか？

この２つの流れは、私にとっては想定内で反対によいことだと思っています。食べ物にも好みはあり、芸能人でも熱狂的なファンがいれば反対もあります。私の商品を気に入ってくださる方は、１度お会いしただけでファンになってくれ、その場でご依頼をくださる傾向があることから、マイナスの反応をされた方にはそれ以上のＰＲはしません。逆に、断られる理由を聞かせてもらうことに徹します。そうすることで、その方でもメリットを感じてくれる情報を探ることができ、次の方にその情報を持っていくことができるという、私にとってはきわめてメリットのある商談になるのです。

「断られたらどうしよう」と不安がある方は、自分の商品を気に入ってくれる方の傾向を見つけ、その方たちを見つけるために行動するのだと考えてはいかがでしょうか。

第9章　営業で断られたら行うこと

上手くいかなかったときの営業の思考・その1

■お断りをされた≠商品が悪い

「断られてもまた行くのですか」「断られた後どうすればよいですか」という質問には、「行ってから考えましょう」としか答えがないのですが、私自身、自分の目で見て、「ここに私の商品が絶対役に立つ」、「ここで使ってもらいたい」と信じたお客様のところにしか営業に行っていないので、断られても全くその気持ちは変わりません。

例えば、ハーゲンダッツを例に考えてみましょう。

ハーゲンダッツは、ほとんどの人が美味しいと言いますし、絶対食べて欲しいと思いますが、次のような想定は成り立ちます。

【予算】　予算が１００円しかないときには買えないですし

【方針】　ダイエット中や歯に染みる人は食べないでしょう

【時期】　さっきハーゲンダッツそのものを食べた方は今はいらないでしょう

アイスの好きな20代の方をターゲットとしておすすめしたとしても、このような現象は起こります。

私の商品も、絶対よいものだけれど、そんな様々な理由で今はオーダーがないという風に思っているのです。皆さんの商品も、同じではないですか。自分の商品に自信を持ち、「この場にあったら絶対よい」と思える先に営業に行っていれば、断られたことは、皆様の商品が悪いわけではないと思えるのです。

そして、これまでやってきたとおり、4→WINWINの商品を創り、予算があり、方針も合っていて、時期も逃さず、その場所に「ちゃんと」「選んで」提案しに行くことで、このミスマッチはどんどん少なくなります。この循環を繰り返すことで強くなれ、営業にワクワクが生まれるのです。これが、皆さんも強くなれると言った理由です。

上手くいかなかったときの営業の思考・その2

■断られた理由をすべて受け取らない

第4章で創った皆さんの「○○を通して○○を感じて貰う○○」という商品がもたらす価値は、何でしょうか。

例えば、先ほどのハーゲンダッツで考えてみますと、ハーゲンダッツの価値は完璧な美味しさ、日々を素敵にランクアップ、自分へのご褒美、それらを融合した世界観を価値としています。

価値は、1つではないのですね。その商品に対して、「高いからうちはいりません」と断られたとしましょう。いかがでしょうか。その言葉を受け取って、「では、値段を下げます！」とはならなくてもよいですよね。

もし、「このバニラのエッセンスがきつい香りで、ゆったり落ち着いてご褒美に食べようとしているときを台なしにする」等というような理由で断られるなら、受け取り、改善してみるかもしれません。

しかし、私の商品には、次のように沢山の価値があります。
・お客様が感動してくれる。
・お客様がモールで素敵な体験をしてくれる。
・お客様が自分の知らない自分を知ってお買い物がワクワク楽しくなってくれる。
・お客様がモールを好きになってくれる。
・お客様が新しいお店を知り入ってくれる。
・お客様がイベントの楽しさを知ってくれ、今後のイベントにも期待を持ってくれる。
・お客様が自分を好きになり、どんどんお洒落がしたくなる。
・イベントで購買意欲が湧いたお客様が商品を購入してくれる。
・ショップの売上が上がる。
・モールに活気が湧きモールが潤う。
・またお客様が来店される。
これだけの価値がある商品に、費用対効果を理由に断られるとしたら、そのときは、ハーゲンダッツさんと同じ気持ちです。

このように、自身の商品の価値をしっかり携え、大切にしていれば、たとえ断られたとしても、その理由をしっかり分別できます。受け取らなくてもいいことを受け取らないという意思も大切です。

皆様の商品の価値を改めて書き出してみましょう。

上手くいかなかったときの営業の思考・その3

■自分の行動を振り返る

とは言え、紹介に行った先は、お互い幸せな営業になる場所だったのでしょうか。幸せになってもらえる営業ができていたでしょうか。自分の行動を振り返ることも同時に行います。

小学生が通う１つ30円の駄菓子を売っているお店に、ハーゲンダッツを持って営業に行くとどうでしょうか。お店の貴重な冷凍庫の枠に小学生に売れる確率の低いアイスの在庫が占めることになり、その数個のために補充に行くことになる自分自身もどうでしょうか。このようなミスマッチを繰り返していると、幸せな営業から離れていってしまいます。

また、自分の商品に自信があることで、謙虚さを忘れていなかったでしょうか。私も、営業の方に、「なぜ買わないのか、こう考えたらいいじゃないですか」と説得されたことがあります。初めて会い、人間関係もできていない方からこのような営業を受けることは、とても苦痛を感じる時間でした。

いくら自信のある商品でも、常に自身の行動を振り返り、修正していくことは大切だと思っています。その思考があれば、幸せな営業を味わえることが増えてきます。

上手くいかなかった後の営業の方法・その1

■幸せな営業になることから外れない

皆様は、これでもう「断られたら2度と行けない」という思考のチェンジはできましたね。かといって、諸事情があり、今回仕事にならなかったお客様に、これからどう対応していけばよいのでしょうか。テレビドラマのように、お百度参りのような営業を続けるのでしょうか。その答えは、「ご自由にどうぞ」です。

皆様それぞれの想いがあるでしょうし、自分に向いている方法があると思います。どうしてもその企業さんとお仕事がしたければ、お百度参りをするかもしれません。

これまで伝えてきた「幸せな営業」を外れない範囲内であれば、自分の思うようにされるのがよいと思います。

自分に当てはめて考えてみると、毎日電話がかかってきて、「どうしても聞いてください」と言われたら、どれだけよいものか聞いてみようと思うかもしれません。それはそれでありかも…。かかってこない日があると、少し気になってしまいそうです。
本当にこのお客様に使って貰いたい、役に立つと思うのであれば、幸せな営業になると思います し、売り込むことが目的であれば、幸せな営業から外れることになると思うのです。

上手くいかなかった後の営業の方法・その2

■思い出してもらえるように並走する

私の場合をお話しします。お伺いでき、説明させていただいたけれど断られた後（正確に言うと、断られたことはありません。受注が未だ来ていないという現在進行中だと考えます）、変わらずメールや電話でフォローを続けます。

なぜなら、そろそろアイスが食べたくなる時期かもしれませんし、ダイエットが終わったかもしれません。少し予算も余っているかもしれません。そのタイミングに思い出していただけるように、並走をするイメージでフォローを続けます。

ハーゲンダッツは、季節限定商品を季節に合わせたタイミングでして来ますよね。それと同じく、自分の商品を少しずつ形を変え、味を変え、その企業様にとって食べたくなる情報をお伝えし続けていくのです。

1度買った通販のカタログがずっと届き続けるのも、いつかのタイミングで見てくれて、必要なときに買ってくれたらいいなという目的ですよね。こちらがもういりませんと言わない限り、届き続けるので、送り主の会社さんからすると、永遠のお客様です。そういえば、時々開いて見ていますから、やはりフォローは大切なんだと思うのです。

アイシングクッキーを例に考えてみましょう。必ず聞かせて貰いたいことで3つのことを聞けていたら、その情報に則ってタイミングや情報を考えます。

ここでは、情報を聞いたとして考えてみましょう。

3月頃にメールでご案内

「就活学生へのお土産用に企業ロゴ入りクッキーの受注を開始しております。人事の皆様の写真を入れ、親しみやすい雰囲気を創ると素敵な贈り物になるかと思いサービスでさせていただいております。よかったらご相談くださいませ」といったような文面で、6月頃にあるであろう就活セミナーに思い出していただくための情報を送ります。

5月頃にメールでご案内

「感謝祭に向けてご準備でお忙しい頃だと存じます。日持ちもし、傷むことのない弊社のクッキーが手土産にお使いいただけそうでしたら、ご相談くださいませ」といったような文面で、8月頃に予定されている感謝祭に向けて、選定しているであろう時期に情報を送ります。

私は、これらの並走を、これまで営業でお会いしたすべての方と行っています。今すぐにご注文をいただかなくとも、転勤先でご依頼いただいた方もいらっしゃいました。、その会社のことを感じ、よく知っていなければ、並走になりません。そして、心にも響かないと思っています。メールだけではなく、電話でも行います。

その情報発信は、実際、営業に伺い、時期や方針を聞かせていただいたからこそ、ベストなタイミングで行えることになり、他社よりも役に立てる情報がベストタイミングで担当者のもとに届くことになるのです。

すぐにお仕事がいただけなくとも、タイミングが合えば叶う大事な方法です。

上手くいかなかった後の営業の方法・その３

■他社での前例を創ります

並走と同時に、他社への営業を続けます。

そして、お仕事になったら、またそのお客様からの要望を聞いて、進化させていきます。様々なお客様を訪問することで、意外な提案もいただき、新しい発見をさせていただくことが沢山あります。自分では浮かばないアイデアをいただいたことで、私の商品も改善できたことが沢山あります。その進化させたものを、引続き並走を続けているお客様に、「こんなこともできます」と情報として送っていくのです。

未だお仕事をいただいていない方の中には、イメージがつかないという方も多いのです。例えば、私の商品の1つであるイベントは、主に女性が喜ぶものですが、男性も同じように喜んでくださいます。

ただし、そのご担当の方が服装に特に興味がなかったり、ラッキーカラーのような心理的なものと結びつけて認識していたり、お伺いして説明はしたものの参加者の気持ちをわかり切ってもらっていない方の場合は、前例を見て安心するという心理も大いにあるのです。

したがって、安心してご一緒にお仕事ができるよう、写真やお客様アンケートなどをご覧いただき、そこからご依頼いただいたこともあります。

上手くいかなかった後の営業の方法・その4

■3 change for sales

営業の方法を変えてトライすることを3 change for salesと言い、次に掲げる3つの方法を指します。

(1) 訪問先を変える

① A社さんからB社さんに変えるというチェンジ

② A社さんの梅田支店から神戸支店に変えるというチェンジ

支店や担当の方によって考え方や価値観が違うことも多いからです。

(2)　人を変える

①　営業スタッフが何人かいれば自社の配置を変えるというチェンジ

②　担当の方の配置移動を待ち、別の方への提案に変えるというチェンジ

(3)　時を変える

①　昼間のアポイントメントを夜の飲食でのアポイントメントにチェンジ

②　半年、1年等、時間を置き、また訪問するというチェンジ

このように、どこに自分の商品に共感してもらえる場所があるのか、共感してもらえる人に出会えるのか、タイミングがあるのかと、３つの角度から考え、変えてみます。同じ方法ばかりでトライしても結果が出ないことがありますよね。

私自身も、同じ商品なのに、別の支店で採用いただき、そこから元々訪問した支店に逆輸入という形で採用されるケースも多々あります。担当の方が変わられたことで採用していただく事例もとても多いですし、1年後、「お久しぶりです」と伺ったらお仕事に繋がった事例も沢山あります。

この3 change for sales の本質の目的は、幸せな営業になるためのトライです。決して数打ちゃ当たるではないのです。

このトライに合わせて、商品の進化、商品の種類増等、コツコツと企業努力を進めていくことでよりトライが実ることになります。

ここだけの話──愛川的営業エピソード

【前担当の方のお名前に助けて貰う編】

随分ご無沙汰して、お電話をかけたとき、その方がもう退職されていたり、部署が変わったりされていても、「○○さんとお話をさせてもらっていたのですが…。次のご担当の方をご紹介いただいてもよろしいですか」と新しい方に繋げていただいちゃいます。

【予算探り編】

実績があまりない最初の頃、担当者の采配だけで決められる予算を伺い、その範囲で提案し、発注をいただいちゃいました。

今は定価です！

【他現場で名刺交換編】

広告会社さんが、違うイベントを行っている際、声をかけて名刺交換してもらい、その後その広告会社さんとお付合いが続いちゃっています。

こんな感じで、私も、沢山の方に助けていただきながら営業を続けています。

第10章　営業で結果が出せる9つの力

ここまで社会に求められる商品を創り、アポイントを取る方法、営業のステップをお伝えしてきました。チャレンジをしていただけると、必ず営業に行くことができるようになると思います。

ここからお伝えしたいのは、売上という結果を出せ、自由な働き方を叶えることができる信頼の9つの力です。

プロローグでお話をしたように、人は商品だけを購入しているのではなく、信頼も合わせて購入しています。この会社なら経営状態がよいので大丈夫という信頼や、この人なら責任を持って仕事を進めてくれるという信頼や、実績から見てこの会社なら安心等様々な信頼と合わせて購入しているのです。

私が、「またお仕事をお願いしたい」と思う方の仕事への取組みから学ばせていただいたのが、この9つの力でした。営業には軽やかに行けましたし、お仕事もいただけましたが、「継続してお仕事をいただく」ためには、商品のよさに併せ、何が必要なんだろう。そんなときに彼らから学ばせてもらいました。継続してフォローしていくことでご依頼の頻度が増えたこと、見極め、省エネで営業を行うことで、焦点を決めて力の配分を調整できた体験等、これらの力を意識することがどれだけ大切か身をもって体感し、常に意識するようになりました。

このように、商品力と9つの信頼の力を意識して取り組むことで、継続した売上に繋がり、私が望む自由な働き方を叶えることができました。そして、これらの力は、誰でも意識することで備わる力だと思います。ぜひ皆さんも、営業バイブルの完成形として備えて欲しいと思います。

①　継続力

大手の企業の方は、配置転換が多く、親しくさせてもらった担当の方がいなくなる度に、また新しい方にご挨拶に行くことになります。

継続して繋がっていただいているクライアントさんとは、たとえ1年ご依頼がなくとも、2年目でご依頼いただいたりと、継続して訪問する大切さを感じるのです。

もし、SNS等を見た企業から声がかかることがあったとしたら、そのときだけではなく、それを機会に継続していくことを忘れないでください。

訪問すること、並走を続けること、お仕事があるときもないときも続けることで結果が必ず出てくると思います。

②　見極め力

過去、３回受注があった企業さん。場所、時期を振り返ってみます。そこに共通点や同じパターンがあるとしたら、「うまくいっている・需要がある」というパターンです。そのパターンを見極め、伸ばすことで結果が出やすくなります。

反対に、何度訪問しても受注に繋がらないというお客様やパターンは、1度手放します。何か受注に繋がらない理由があるはずです。私も、全国に営業に行くとき、基本はアポイントメントが取れた先にはお伺いしますが、何度フォローを重ねても全く動きをいただけないお客様には、次から敢えてアポイントメントを取ることはしません。

営業に回っていると、上手くいくとき、多分難しいときが案外わかってきます。時間も交通費もかかってくる営業活動です。小さな会社では、うまくいっているパターンを伸ばすことが一番の近道です。

過去に受注をいただいたお客様のフォローを一番に、うまくいっているパターンに当てはまるお客様を次に重点的に動いていくことで手ごたえを得られると思います。

③　レスポンスのスピード力

私がお仕事をご一緒するご担当の方々は、皆さん何個も仕事を抱え、日々お忙しくされています。その方の隣にいれば、「これってどうすればよいの」ということにすぐに返事ができるのですが、そうはいきません。その度にメールや電話をくださり、返事をしていき、進めていきますが、その時間のロスがどれだけ仕事を遅らせるか、ストレスになるかということを常に意識しています。

商品がよいというだけではなく、作業、打合せを含めて、自社が選ばれる対応が必要だと考えています。飲食のお店でいうと、味はよいのだけれど、接客に不満があると、そのお店には次には行くことを躊躇しますよね。それと同じかと思います。

レスポンスを早くするということは、大事に思っていることの表現の形でもあります。お付合いしている大好きな方からのラインにはすぐに返信しますが、少し返すのに困る方には時間がかかりますよね。仕事でもプライベートでも人間の行動には気持ちが入ります。クライアントさんへの感謝を表す形は様々ありますが、私にとってレスポンスの速さはその表現の形の1つです。

また、仕事が大詰めで、きょうも沢山の質問があると想像できるけれど研修等で連絡が取れないことがあると、事前にこの時間までは連絡が取れないことをお伝えします。

できる限りの気配りをして、ご担当の方がストレスなく仕事を進める共同作業が心地よくなるよう進めていきたいですね。

④　頼りになる進行力

これまで積み重ねてくる中で、データや様々な情報をできるだけ集めておくことをおすすめしてきました。また、仕事を進める中でも、準備の流れや必要な準備物等が既にまとまっていることと思います。

受注してから必要な作業を担当の方がスムーズに進められるよう、こちらから資料の提供、テンプレートの提供、流れのスケジュール等進行していきます。また、こちらの必要な作業は、進行状況などを途中報告も忘れずしていきます。

会社の中では報連相が普通に進行されていますが、私達も同じですよね。ご一緒にお仕事をする方とは、常に報連相をしていきます。

例えば、皆さんがホームページをつくるとき、デザイナーさんから「まず、これとこれを考えて、提出お願いします」とテンプレートに記入欄があり、それと同時に「次に写真をこんな感じで用意してください」と指示があり、「予約欄はどうしましょうか」等と質問がありと、そんな感じで進行してくれるととてもわかりやすく、ストレスなく進めますよね。

それが何もなく、「え？　どう進めたらいいの？」と、こちらから聞かないといけないようなデザイナーさんだと、次の更新のときは別の方にしたいと思ってしまいます。

常に、一緒に仕事をしてスムーズだった、楽しかったと言ってもらえる、頼りになる進行を心がけています。

⑤ サービス精神力

皆さんが一緒に仕事をして楽しい、またご一緒したいと思える方はどんな方ですか。それぞれ違うと思いますが、私は、サービス精神がある方と仕事をするときがとても楽しく感じます。

明石家さんまさんは、道中どんな方とでも写真を撮ったり、お話したりするとか。私のスタッフは、皆、お客様にもっと喜んでもらおう、もっと教えてあげようと惜しまず知識を提供してくれて、お客様からいつも感動していただき、皆さん素敵だなあと感謝しています。

私の知合いのカメラマンは、「こんな感じも撮ってみていいですか」「こんな雰囲気も撮りませんか」とどんどん広げていってくれるサービス精神の持ち主。「またあの方に頼みたい」となります。共に仕事をする時間を自分なりのサービス精神で溢れさせたいと常に思います。

このサービス精神は、皆様のような自分の好きなことを仕事にしている方なら、言わずとも勝手にできていることだと思います。それも含めて、営業にとても向いている方だと私は思うのです。

⑥　情報力

担当の方が、進行の途中でどうしようか迷われたとき、「これまでこの形でやってきましたが、問題なかったので、それで大丈夫ですよ」と言えたり、「他社さんではこういう傾向が多いです」「世の中の女性の傾向として今はこの方向性が向いていますよね」等、これまでの積重ねの中での経験からの情報。今の世の中の情報、私の市場に関わることはすべてアンテナを張って情報を集めています。担当の方に安心して決断、進めていただける要素だと思うのです。

例えば、ホームページのデザイナーに、「今はどんな形が最新なのですか」だとか、「どんなシステムが流行っているのですか」と聞いたとき、その情報に疎い方だとどうでしょう。美容院に着付けのヘアーをしに行ったとき、一昔前のアップスタイルしかしてくれない情報と技術が古い美容院だとどうでしょう。お客様は、「知らない」側の人です。商品を販売している側は、その方たちに沢山の情報を提供できることも価値です。

まずその業界の情報、世の中の情報を提案できる力を持つことが大事です。

一方で、自社のための情報収集力も必要です。新規のお客様の情報やクライアント様の方針、何周年記念の情報など、常に私達も情報を仕入れ、想像力を膨らますことが大切です。

⑦ リスクマネジメント力

コロナウイルスが蔓延したとき、私のイベント、研修事業は、途端にできなくなりました。それでも弊社が、売上が落ちず、期末を迎えられた要因の1つに、手前味噌ですが、リスクマネジメントへの信頼があったからだと思っています。

まだ緊急事態宣言が発出前の1月すぐに、お客様には、イベントと研修へのリスクマネジメント対策を発表しました。この形で行うことで、飛沫を回避できるという対策です。そして、緊急事態宣言前ぎりぎりに実施できたイベントや研修は、その対策を行うことで、評価いただきました。

マスクも出回ってない中、何とか集め、研修では受講生全員に配りました。イベントでは、もともと密にならず人を集められる形態であったため、コロナ禍ではより重宝されるイベントとなりましたが、このイベントに関しても先駆けて発表した対策を評価していただきました。

それ以前でも、細部に渡ってリスクマネジメントを考えてきました。それは、私に仕事を依頼するときちんとやってくれるという安心と信頼に繋がってくださったのではないかと考えています。

担当の方の立場になり、「こんなことが困るかな？」「ここが不安かな？」と、常に頭を働かせ、目を配り、先に先に提案していくことができれば、安心していただけると思うのです。

⑧　お願いできやすい自分力

先ほどからお話するホームページのデザイナーをまた想像してください。リスクマネジメントやレスポンスの速さなど、すべてはできている。だけれども、何だか訂正のお願いをし辛い、「やっぱりあのページこうしたいです。」ということが言いにくい。そんな方だったらどうでしょうか。

もちろん、ある程度の区切りをつけないと、デザイナーさんも仕事にならないので、線引きは必要だとしても、ここでお話したいのは、相手にそう感じさせてしまう態度や声や表情、言葉遣い、すべてがお客様からお願いしやすい自分になっているかという点です。

たとえ今は、企業さんとお仕事ができていない方でも、「コラボしない」だとか、「手伝ってくれない」等、誰かからいつも声がかかる方は、何だかお願いしやすい女性が多いですよね。私も「誰にお願いしようかな」と考えたとき、その方たちの顔が真っ先に浮かびます。

「はい！　喜んで！」の精神ですね。本書を読んでくださっている皆様は、きっとそれらを兼ね備えた方ばかりだと思いますが、私自身も含めて常にこういう自分でありたいですね。

⑨　タフネス力

ここまで読んでくださると、なぜ幸せな営業と言えるか、おわかりになっていただけたかと思います。私が強いと言われるには、強くなれる理由があると文頭でお話しましたが、本当に自分がよいと思えるものだけを商品にしていることでタフネスになれています。

ですので、断られることはなく、もしお仕事をいただけていないのだとしたら、「未だ、いただけていないだけ」と思えるのです。「空気を読めないって幸せね」とも言われます。

自分がよいと思えるものだけを仕事にしていると、結果も出ます。逆に、自分が楽しくないこと、自分が売上のためだけに行っていると、結果も出ず、最終ブーメランになって返ってきます。

また、自分の芯を通すことで、結果も素直に受け止められ、成功して嬉しいなら嬉しいとクリアに認められるのです。

自分の芯の中で自分に誠意を尽くし、お客様に誠意を尽くすことが、タフネスな自分になれるのだと思っています。

第11章　柱を増やしていこう

柱になる商品を充満させていこう

起業当初は、思うように売上がついてこないため、様々なことに目が移ってしまうこともあると思います。あれもこれも手をつけたくなるほど不安があったりします。どの企画で成功するのだろう、どの商品がブレイクするのだろう。その答えは誰も教えてくれませんよね。

ここで私が改めてお伝えします。「その答えは、4↓WINWINの商品ができたとき」です。

その商品を持って、これまでにお伝えした方法を参考に営業にトライしてくだされば、少しずつお仕事をいただけると思います。商品がまだという方は、諦めず頭を絞って考え続けてくださいね。

そして、ご依頼を頂けるようになった商品をどんどん世に送り出していきます。起業当初は大企業でない限り、別事業を並行して行うにはスピード感が出ず、結果が出にくいと考えています。まずは柱になる4↓WINWINの商品をとにかく拡散、充満させていきます。そこで充満させながら、進化をさせます。この「充満」が大きなポイントです。1つの商品を集中して行うことで肉づけが勝手にでき、実績ができ、またお客様が増えるというよい循環になって来ます。

私自身も10年余り充満させてきましたが、この商品なら大丈夫と誰も教えてくれず、自己流でやって来たものの、今こうやって皆さんに、大丈夫とお伝えできる確信があるのです。

4↓WINWINの商品ができたら大丈夫です。お仕事1つひとつを大事に拡げていきましょう。

既存商品の半径15㎝付近に目を配ろう

既存の商品が充満でき、満足のいくものになり、クライアント様からの信頼もされている状態になっていると感じ始めたら、その商品の周り半径15㎝付近に目を配っていきます。半径15㎝というのは、半径2メートルを全く遠い別目的の商品だとすると、キーワードや種類に関連がある範囲という譬《たとえ》えです。

これまでは、1つの商品を場所やターゲットやタイミングに少しずつ変化させて役に立てる機会を増やすことをお話ししてきました。

次の段階として、今商品を買っていただいている方に、もう1つの商品も新商品としてご提案し、役に立てる種類を増やしていきたいのです。

そこにも横軸と縦軸で見る2方向の半径15㎝があります。

《横軸：目的の中で商品を追加すること》

エステー株式会社さんを例に見てみましょう。

「空気を変えよう」のスローガンのもと、消臭剤、芳香剤等様々な商品を増やしていくことで、お客様に喜んでいただけるよう取り組まれています。目的は、空気を変えること。その目的に適う

【図表15　2方向で見る商品開発】

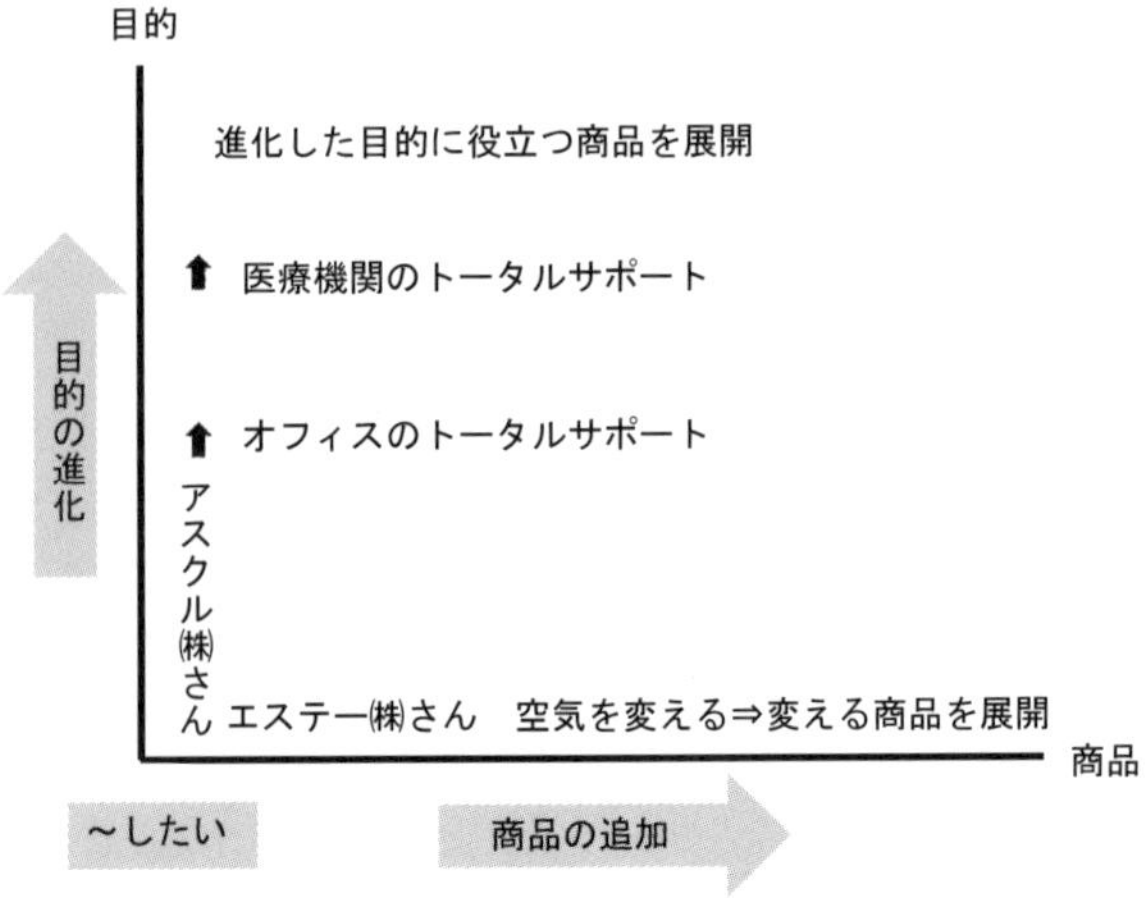

商品を増やすことで社会の役に立っていますよね。
エステティシャンが脱毛プランを新しく導入する、シミ取りレーザープランを導入するなど、キレイになるという目的の中でコースを増やすことが当てはまります。

《縦軸：目的を進化させていくこと》

アスクル株式会社さんを例に見てみましょう。

前身は事務機器メーカーの子会社で、最初は事務機器で企業の役に立とうという目的でしたが、事務機器だけではなく、オフィスに必要なすべての物を提供することで、オフィスのトータルサポートという目的に進化し、オフィスに必要な文具や衛生用品まで揃えてお客様のためになる商品を追加し、日用雑貨をトータルで販売するようになりました。今では、衛生介護用品や医療機関向け等目的の進化を続けています。

こちらの場合は、目的を縦軸に増やし、商品も増やしていくことで社会に貢献されています。コミュニケーション研修がお仕事の方が、マナー研修やコンプライアンス研修等を統括してご案内する研修コンサルティングに進化するということも、パスタ麺製造所が麺製造所としてうどんやそばの麺も販売するというのもここに当てはまります。

アイシングクッキーを住宅展示場運営会社に販売した短期回転型モデルのお話をしましたが、まずは単発のお仕事をいただき、担当の方と人間関係をつくれれば、次にA商品やB商品などの仕入別商品を展開し、これまで1年で1回の受注だったものを2回、3回とお客様のもともとあるキャパの中でシェアを増やしていくこともできます。これも縦軸となります。

縦軸・横軸はこう決める

私の会社のライバル社というのは、2事業それぞれにあります。研修事業なら研修コンサルティング会社となりますし、イベント事業なら他の総合イベント会社となります。

この様々な種類を集め、総合的に研修事業やイベント事業を行っている会社さんが、前章で紹介したアスクルさんのような位置づけになります。

ちなみに、正確に言うとライバル会社さんではありません。どちらの会社さんにも、私の商品を展開していただいており、その会社さんからご依頼をいただくこともあるのです。自社のサイトもあるけれど、楽天さんにも入っているという感じでしょうか。クライアント様にとっても、沢山の中から選べるというメリットがあるのでとてもいい事業をされています。

そんな中で、私は、その両方を1度眺め、縦軸に広げていくのか、横軸に商品を増やしていくのか考えました。

他の先生にお願いして、様々な研修を揃えて総合研修コンサルティングにすることも実はすぐにできます。他のイベントを増やし、総合的にご提案することもできます。

しかし、これだけこだわり、徹底して細部まで創り上げた今の研修やイベントは、餅は餅屋という点で信頼をいただいてきたことや、私自身の性格上、いい加減にしたくない、自分がワクワクするものしか取り扱いたくないと言う「お客様に求められている本質」と「自身のワクワク」を基準に、横軸の展開で専門分野のニッチなエリアでの貢献をすることに決めたのです。

エステー化学さんと同じ横軸展開です。ここを選択基準にすることで、これまでの信頼も落とさず、自分自身の幸せな営業も変わらず、豊かな生き方を実現できてきたと感じています。

好きなことで生きていくというのは、こういうことじゃないかと思うのです。私は、きっと売上や受注を増やすことだけで選択すると、好きなことを仕事にしたにもかかわらず、しんどさを味わったり、ストレスを抱えることになったのだと思います。

皆様はどうでしょうか。どちらの15㎝でも構いません。皆様の商品の特徴、お客様に求められている本質、皆様のワクワクにより、どちらの方法が次の柱になるか考えてみてください。

既存商品と平行して育てていこう

その商品を決めたら、今の柱の商品を充満させながら平行して育てていきます。繰り返しますが、大事なことは、「クライアント様からの信頼もされている状態になっていると感じ始めたら」という点です。

新商品を出すには準備期間が必要です。柱になる商品を創るにも随分時間を要したはずです。商品を仕入れて増やすなら、準備期間は不要かもしれませんが、それでも、この商品がどれだけ需要があるか調査したり、類似商品と比べたりと、準備は必要です。柱の商品の需要が高まると同時に次の商品のご紹介ができるようにしておく必要があります。

私の場合、ショッピングモールでのカラー診断イベントは、２００８年から行っています。そして、それと同時に研修事業にも取り組み、２本の柱で行ってきました。

そして、２０１９年に新商品を発売し、徐々に３本の柱になってきています。この新商品は、既に２０１０年から研究を始め、準備をしてきました。それが骨格パーソナルスタイル診断イベントです。

この理論は、２０１０年時点では全く世の中に見えてきていず、情報も少ない状態でした。私の商品のイベントは、人々がある程度認知することでより集客効果が高まるため、全く知らないことを商品にするには時期尚早でした。もちろん、そのときに広めるという手もありますが、まずは柱になる商品を充満し、研究と鍛錬を重ね、タイミングを見計らい商品化しようと考えていました。

育てていきながらタイミングを見計らうのは、世の中の動きや季節等とても重要だと思っています。例えば、消費税増税前に展開始めるだとか、冷麺の開発は6月までに終わらせるだとか、コロナ禍の最中はそのサイクルが目まぐるしく、今すぐ開発し世に送り出す必要があったリモートシステムや冷感マスク等、社会を感じながら、お客様の役に立つことを常に想像していくと、ベストなタイミングで皆様の商品が活きることになるのです。

人からの質問や誉め言葉を受け取り続けよう

今回、本書を出版させていただいたのは、私の仕事を見ている方が、皆口を揃えて、「どうやってお仕事をいただいているの？」、「なぜ、そんな企業さんとお仕事できるの？」と質問をして来られ、営業をどうすればよいのか教えて欲しいという声がとにかく多かったからなのです。

周りにあまり営業を教えてくれる方がいないというのです。そんなことから、私は、熱い想いを持って、素晴らしい商品を持っている女性起業家、個人事業主の方に役に立つのならと思い営業塾Rêve（レーブ）を立ち上げることとなりました。フランス語で夢、憧れという意味がありますが、私自身の自分の中の憧れや描いていた夢を叶えたその道中で、うまくいったことを受講してくださる方に全部伝え、一緒に夢を叶える塾です。

営業は、学校でも習ったこともなく、実は会社に入っても習えることはありません。先輩について学ぶか、何となくやっている。その悪循環で、営業は辛いものというイメージになってしまっていると感じています。営業って幸せな時間なのに…。

望んでくださる皆様に、そんな時間を味わってもらいたい、世の中の営業職の皆様に何とか伝えたい、そんな目的が出てきました。

この事業は、私にとっては縦軸で目的を増やしたということになります。自分が求められることをやっていくということが一番社会に役に立ちます。

皆さんは、人から質問されること、凄いねと言われること、教えてと言われることは何でしょうか。謙遜せず、その言葉を全力で受け取り、自分の可能性として胸に留めておいて欲しいのです。今後の縦軸に増えていくことかもしれません。今の仕事を充満させ、やり切る中で、きっと現れてくると思います。

次の商品も4↓WINWINになったら紹介させてもらおう！

私の商品は、理論と技術が伴いますので、自分が納得いく状態にするにはそれだけの時間がかかりましたが、できた商品は横軸に広がる商品です。もともとのカラー診断イベントと同列になるので、同じく4↓WINWINが叶っていることになります。

このように、当初は4方よし以上の商品にすることを頭を使って考えてきましたが、その商品に準じて横軸にラインナップを増やしたときには既に叶っているということです。商品を増やすには、時間がかかりましたが、完成すると必ず求められる商品になっていることになるのです。

ハーゲンダッツさんの例でいうと、カップアイスを充満させ、認知が高まった後、クリスピーサンドを販売し、カップも買っていただきながら、クリスピーサンドも買ってもらい、購買の機会を増やすといったことです。

このように形ができたら、既存のお客様にご案内を始めます。既に信頼があるクライアント様からは、すぐに興味を持っていただけ、受注に繋がります。これが、柱の商品を充満させ、その後に新たなご紹介をするメリットです。人気のラーメン屋さんが、既存のお客様に新メニューを出すのと同じですね。そのスパンはそれぞれ違ってくると思います。すぐに信頼をいただける商品ならすぐに新しい商品を出しても受注に繋がるでしょうし、商品の種類によっても違ってくると思います。

このように小さな会社は、多方面に営業を広げるよりも、既存のお客様によりよい商品を提案することで、売上の上がり方の速さが変わるのです。それは、既に信頼関係ができている上で、またビジネスのやり方もわかっている中での仕事になりますので、とてもスムーズですし、ストレスもないのです。

第12章　仕事はお客様と創るもの

２００％の力で進化を続けよう

当たり前のことですが、皆様もいただいたすべてのお仕事は、１００％やり切ります。しかし、このように完成した4↓WINWINの商品では、４方向のために工夫し、喜んでいただくことを考えていくことになるので、勝手に２００％の力で成し遂げていることになります。「２００％で頑張ろう！」ではなく、気がついたら２００％を超えているという感覚です。

アスクルさんは、私から見ると、「４、５、６？」というくらいWINWINの方向の多い素晴らしいビジネスモデルだと思えます。

様々なパートナー企業さんと連携し、商品の品揃えや迅速に配達することや、支払、使いやすさ、価格対応等、ユーザーさんのために考えつつ、商品開発の企業さんや配送、町の文具店さん等のパートナー企業さんのために、どんなことができるかを常に考え、それぞれに喜んでいただくために工夫する。このアスクルさんの仕事は、２００％を超えた動きです。だから、社会に求められる企業さんなのだと思います。

自分の仕事すべてに２００％の力で臨んでいると、どんどんレベルが上がると同時に、どんどん改善点も出てきます。この改善点に挑んでいくことでレベルが上がり、また、要望に対応できるようになります。その繰返しをお客様と一緒に行うことが仕事の楽しさだと思うのです。

よいものを創る目的を共有した対等な関係

文頭でも少し触れましたが、私は、お客様とは相談をしながら受注前も受注後も進めていきます。企画段階から、同じ商品でも、担当の方によって、時期によって内容を少しずつ変えることで、より実りが多い事業となるからです。営業をしたことのないスタッフを連れて行くと、「あんな感じでよいのですか？」と驚きます。営業のイメージとは違うそうです。

本来、社会は対等に回っているはずです。誰が上でも下でもなく、特技がそれぞれ違う会社。個性が違う会社。それらでやり取りをして経済が回っています。生徒さんの中には、極端に値段を安くしてしまう方、極端に卑下される方も多いのですが、皆さんに社会で役立つことがあるならば、もう既に企業さんと一緒によいものを創っていける方なのです。

謙虚さは、人として持ちつつも、その先のお客様のことを考えた提案をしていくだけでよいですよね。

皆様の商品は社会に求められていますか？

起業した当初、仕事が向こうから降ってくるわけでもなく、全くない状態のとき、私が何が辛かったかというと、仕事が社会に求められてないのではないか、自分が社会には必要とされていないのではないかということでした。

社会に必要とされない事業は成り立ちません。それでも、私は、これは社会に必要だと信じてやってきました。結論としては、社会にお知らせができてなかっただけでした。それが、今では発信できていますし、営業ですよね。そして求められ、認められた価値の結果が売上です。

よいと思うもの、好きなことを仕事にしても、独立できるまでに売上がついてこない現実は＝社会に求められていない、認められていないのではないのだと今では思います。

求められる形にし、多方面に価値が提供できれば、必ず社会で認められる事業になり、認められる自分になるのだと思うのです。

今、本書を読んでいただいている皆様の中で、まさにもがいている方がおられたら、自身の商品を信じて、社会に必要だと思う自分を信じて、「知ってもらう」ことを意識して行動してみてください。

自分がよいと思うものだけを商品にすることで、お客様から、「来てくれてありがとう」と感謝される営業ができます。営業のイメージががらりと変わると思います。

そして、そんなトライを続けて求められる形がわかったとき、そのクライアント様との二人三脚はとにかく素晴らしい体験になります。

そのためには、営業にお邪魔して、皆様の大事な商品をぜひ見ていただきましょう。

そこから始まります。

■仕事は送りたい人生のための手段です

私は、今も、全国の受講者の前で講義を行い、イベントでは現場に立っています。現場に立てば立つほど、改善点を見つけることができ、発見があり、とにかく楽しく、学ぶことばかりです。

私は、職人なので、まだ自身の技術を高めたいですし、後身を育てるにはできるだけ現場に立ち、自分が先を進み、成長し続けることが必要だと思っています。研修のあの緊張感と達成感が好き、イベントでのあのお客様の反応が好き、そんな自分が豊かになることを叶えるために、知ってもらうことを頑張っているとも言えます。そして子供が相談したいときにそこにいたい。子供の表情を見逃したくない。そのために1月に4日働くプランを叶えたかったのです。

自分が「こんな人生を送りたい、こんな感じがよい！」を現実にしてきた道のりは、純粋に頑張れ、自分で責任を負える日々です。皆様にも大切にしたいことがあり、欲しい人生がおありだと思います。ぜひ、自分の「これがよい！」を手放さず、方法やゴールを選んで行って欲しいのです。

企業に所属して行う営業とは違い、私たち起業家は、何も看板がないゼロからの営業です。それができるのは、やはり想いの強さとわがままに決めた自分の理想の高さがパワーです。皆様の理想も、わがままに、貪欲に決めちゃってください！　そして、その手段に振り回されず、時々立ち止まって、深呼吸をしながら進みましょうね。

■心を寄せて並走しています

営業はこうするものというセオリーは、ないのだろうと思っています。本書では、ただ、私が自分流に考え、行動してきた方法をお伝えしてきました。どこか1つでも皆様が参考になる方法があり、「営業に行ってみようかな!」と思ってくだされば幸いです。

私は、営業を通して、夢や憧れ、自分の望む働き方、また社会に認められたいという思いがすべて叶うことになりました。そこには、沢山の方が耳を傾けてくださり、信頼を置いてくれたからこそだと1つひとつの奇跡に感謝の日々です。

ただ、自分が役に立ちたい、自分の商品で喜んでもらいたいと思える技術に出会えたこと自体素晴らしいことの上、一緒に仕事をしてくれているスタッフがいて、私をいつも支えてくれる家族がいることすべてに感謝が溢れます。

私が通ってきた道で役に立つことがあるといわれ、営業塾を立ち上げたことから、本の出版という、また違う方法で社会の役に立てることになり、本書を読んでくださる方のために全力で取り組む機会をいただけました。

今、私は、好きなことで生きるという素晴らしさを誰よりも実感しています。同じように一生懸命坂を上っている同志たちに参考になるのであれば、本書を使ってもらい、私が感じている充実感や幸福感を沢山の同志が手にし、一緒に笑い合いたいと思うのです。

人生でできることなどそう多くはありませんよね。1つでも大切なものに出会い、ひたむきに進める豊かさがあるだけで、まずは素晴らしい人生です。その大切なものが社会に必要とされ、認められるということは、とても幸せなことだと思うのです。

皆様の人生において、自分にその幸福を味わせてあげるために、営業にトライしてみてください。必ず素敵な出会いがあり、幸せな営業を体感できると思います。世の中のすべての方が幸せな営業を味わえますように願ってやみません。

皆様が営業に行く際には、本書がお守りになれると嬉しいです。心を寄せて並走しています。

感謝を込めて　愛川　静香

著者略歴

愛川　静香（あいかわ　しずか）

株式会社 Bloom Color Studio 代表取締役。

Bloom Color School 校長。

営業塾 Rêve 主宰。

1975 年生まれ。明治大学政治経済学部卒業。

2007 年カラーアナリストとして起業。

2009 年法人化。

自身の営業活動でできた日本全国の顧問先からのご依頼で 1 万 8000 人のカラーアナリシス診断実績をベースに 3000 人の販売スタッフ指導を行う。

現在、女性起業家が好きなことで生きるための商品づくり、営業ノウハウを営業塾 Rêve にて指導。

企業からの営業職研修の依頼等幅広く活動する。

私流　幸せな営業
—自由な働き方を叶える小さな会社の営業バイブル

2021 年 5 月 19 日 初版発行

著　者　愛川　静香　© Shizuka Aikawa

発行人　森　　忠順

発行所　株式会社 セルバ出版

〒 113-0034

東京都文京区湯島 1 丁目 12 番 6 号 高関ビル 5 B

☎ 03（5812）1178　　FAX 03（5812）1188

http://www.seluba.co.jp/

発　売　株式会社 三省堂書店／創英社

〒 101-0051

東京都千代田区神田神保町 1 丁目 1 番地

☎ 03（3291）2295　　FAX 03（3292）7687

印刷・製本　株式会社 丸井工文社

Printed in JAPAN

ISBN 978-4-86367-660-2